(2714)

HARVARD SERIES OF LEGAL BIBLIOGRAPHIES

EDITED BY

ELDON R. JAMES

LIBRARIAN OF THE HARVARD LAW SCHOOL

I

A WORKING BIBLIOGRAPHY
OF GREEK LAW

LONDON : HUMPHREY MILFORD
OXFORD UNIVERSITY PRESS

A WORKING BIBLIOGRAPHY
OF GREEK LAW

BY GEORGE M. CALHOUN AND
CATHERINE DELAMERE

WITH AN INTRODUCTION BY
ROSCOE POUND

CAMBRIDGE
HARVARD UNIVERSITY PRESS
1927

COPYRIGHT, 1927
BY THE PRESIDENT AND FELLOWS OF
HARVARD COLLEGE

65409

PRINTED AT THE HARVARD UNIVERSITY PRESS
CAMBRIDGE, MASS., U.S.A.

GENERAL PREFACE

THE Harvard Series of Legal Bibliographies will consist of bibliographical studies in selected departments of legal investigation. Each volume will be confined to a limited but important field of legal research and will aim, within that field, to provide for the scholar a survey of sources and literature, as comprehensive and complete as possible.

Professor Calhoun's notable volume is the first of the Series. A bibliographical study covering the important subject of public international arbitration is in preparation. It is hoped that the Series may include a bibliography of American statute law, the need for which is evident to all students of American legal history.

ELDON R. JAMES, EDITOR

June 3, 1927

PREFACE

THIS collection is in fact what it is entitled, merely a working bibliography. It was originally compiled for my personal use and only very gradually increased, as opportunity offered, mainly along the lines of my particular interests, and without any intention of publication. About two years ago, however, Professor Roscoe Pound, at whose disposal I had placed the material for his own studies, generously offered to bring about its publication, in order that it might be made available to other students of legal history. Since then I have made some effort to give it a more comprehensive character, and to make it as nearly complete as the time and assistance at my command permitted. It is now presented, with considerable diffidence, in the hope that it may prove a useful bit of apparatus, especially for men who are stationed in the outposts of the scholarly world and have not well-equipped libraries.

Although its general character and limitations will easily be understood from these circumstances, a few matters may be set forth more specifically. The collection of titles will be found most complete for the classical period, in which I am chiefly interested; it is here such aids to research are most needed, since much important work was done before the systematic collection and publication of bibliographical notes became usual. As regards Hellenistic and late Greek law, although all titles that came to hand have been included, there has been no especial effort at completeness, as the field is well covered by systematic reports of research in inscriptions and papyri. Again, discussions of legal problems based on the text of the Attic orators will generally be found in the standard bibliographies under the ancient author's name, and consequently have been dealt with in much the same way. Reviews have been noted only when they have come independently to my attention. Only the more important and accessible studies are included from the eighteenth century and earlier; for further citations and detailed notices the reader is referred to Georges Perrot's bibliography (*Essai sur le droit public d'Athènes*), pp. 339–343, to C. G. Weber's critical bibliography in J. A. Fabricius, *Bibliotheca graeca* (Hamburg, 1791), vol. 2, pp. 41–56, and to Peter Wesseling's interesting account of early scholars and their work, *Jurisprudentia romana et attica* (Leyden, 1738–41), vol. 3, pp. i–xix. Furthermore, I have not been at any pains to set precise logical limits to the collection, or discriminate nicely between Greek law and such related matters as government, trade and finance, religion and education, philosophy, military organization, or even Roman law. While I have attempted to admit only studies with definite legal implications, the general principle in case of doubt has been to include rather than reject.

In a bibliography intended for the specialist and not the general reader, who, by the way, is not at present greatly interested in Greek law, any attempt at critical evaluations would be a useless impertinence, since those who may use the material will be under the necessity of forming

PREFACE

their own judgments. Consequently the only comment undertaken is an occasional brief note appended to a title whose relation to our subject might otherwise be not readily apparent.

All titles are arranged alphabetically in a single list, in order to avoid the elaborate cross-referencing which would greatly increase the bulk of the volume and expense of publication. The number of citations does not run beyond what can be read through in a comparatively short time in the search for discussions of particular points.

The drudgery inseparable from such a task as this has been greatly lightened by aid and encouragement from many friends and colleagues. A few cases of great indebtedness demand explicit acknowledgment. The Board of Research of the University of California has shown its confidence in the importance of the undertaking by several generous grants of funds for assistance; without these the bibliography could not have been compiled in the first place or later brought to its present proportions. My material and spiritual debt to Professor Pound is vastly greater than can well be said; not only has he found means for publishing this volume, but his sincere and liberal interest in studies such as mine has been a constant encouragement and incentive. Professor Max Radin, of the University of California, has put me under very great obligation by reading through the bibliography in manuscript and in proof and detecting a great many errors which had escaped my eye. I have to thank a number of distinguished Continental scholars for their friendly interest and assistance, especially Gustave Glotz, Professor in the

Collège de France; Bernard Haussoullier, Director of the École des Hautes Études; Heinrich Swoboda, Professor of Ancient History in the University of Prag; and Leopold Wenger, Professor of Roman Law in the University of Munich. Professor Wenger put aside more important activities to collect and write out for me about two hundred titles of recent works, representing every country and almost every institution where Greek law is studied; Professor Haussoullier, despite his great administrative responsibilities and his unremitting research, not only collected for me the recent work of French scholars in this field, but unselfishly undertook the arduous task of reading the entire proof, a truly generous offer which I accepted with some compunction and very great delight.[1] My hope is that the collection, with all its imperfections, will in some measure justify the collaboration of these distinguished men, perhaps by stimulating still further the renewed interest in Greek law that has become so strikingly apparent during recent years.

A debt of somewhat different character, but no less great, I owe to my fellow author, Miss Catherine Delamere, who has spent every available moment for more than a year past in the delicate and difficult task of converting my original entries, in many cases the rough and sketchy notes which had sufficed for my immediate needs, into complete and accurate citations, and bringing them

---

[1] After this was written, and before proof was ready, the news of M. Haussoullier's death brought sorrow to Hellenists everywhere, and especially to those who had been privileged to know him personally. It is typical of his enthusiasm and his interest in the work of others that his offer was made when he was already in the grip of the malady which caused his death.

PREFACE

into conformity with established bibliographical usage. In general I am responsible for the selection of material, and Miss Delamere for the arrangement and form.

Finally, I must express my indebtedness to my former research assistants, Mrs. E. M. Loeb and Mr. Milman Parry, whose unselfish interest in my work led them to render services for which I am truly grateful.

GEORGE M. CALHOUN

BERKELEY, CALIFORNIA
March, 1925

INTRODUCTION

By ROSCOE POUND

FOR some time interest in Greek law has been an outstanding feature of juristic activity. This is significant because Greek law is not a lawyer's law. It was secularized but not professionalized. Greek thinkers had a controlling influence on theories of the end of law and of the nature of law which still play a great part in juristic thinking. Greek institutions, particularly Greek commercial institutions, had decisive influence in the making and shaping of more than one legal conception which still obtains. Yet there are no Greek treatises on law. The Greeks had no lawyers in the sense familiar to us from the Roman law, the modern Roman law, and the English common law. There were legal ideas, legal conceptions, and legal precepts, and yet there was no system of law in the sense that has been familiar since the generation before Cicero.

Modern legal science began with the study of the Digest in the twelfth century and so became set in molds fashioned from Roman legal materials. Hence, while Greek philosophical and juristic thinking bulks large in jurisprudence, Greek law has been less attended to. This is not the place to discuss the meaning of these phenomena. Suffice it to say that they point to Greek law as a quarry of the first moment for the science of law and require us to rethink more than one dogma which had been established on the basis of exclusive consideration of materials of Roman, modern Roman, and Germanic law. Study of

Greek legal materials is no mean factor in the broadening of the basis of historical and philosophical jurisprudence which has been going on for a generation.

Professor Calhoun and his collaborator have put all who work in jurisprudence under deep obligation by their painstaking achievement of the task of compiling a bibliography of Greek law. A full and reliable bibliography is the beginning of study in any subject. I hope the starting point afforded by Professor Calhoun will attract many students of the science of law to the possibilities of this field of study. I hope students of jurisprudence and sociology as well as students of philology and history may be found who will set to work upon the many problems which Greek law affords. In particular, I hope its details will be investigated with the same zeal which we have devoted to the details of Roman law. I hope its possibilities for historical and philosophical jurisprudence will be developed as fully as we have developed those of the Roman law.

KEY OF ABBREVIATIONS

AAT.......Atti d. R. Accademia delle scienze di Torino. Turin.
AAW.......Anzeiger der Akademie der wissenschaften. Philosophisch-historische klasse. Vienna.
ABAW.....Abhandlungen der Bayerischen akademie der wissenschaften. Philosophisch-philologische und historische klasse. Munich.
AC.........The Academy. London.
AE.........'Αρχαιολογικὴ ἐφημερίς. Athens.
AEG.......Annuaire des études grecques (Association pour l'encouragement des études grecques). Paris.
Aeg........Aegyptus. Rome.
AFLB......Annales de la Faculté des lettres de Bordeaux. Bordeaux.
AGB.......Archaeologische gesellschaft zu Berlin. Berlin.
AGG.......Abhandlungen der Göttinger gesellschaft der wissenschaften. Philologisch-historische klasse. Berlin.
AGPh......Archiv für geschichte der philosophie. Berlin.
AIB........Académie des inscriptions et belles-lettres de Paris. Comptes rendus et Mémoires. Paris.
AIBS.......Académie des inscriptions et belles-lettres de Paris. Mémoires par divers savants. Paris.
AJA........American journal of archaeology. Norwood, Mass.
AJP........American journal of philology. Baltimore, Md.
AKA.......Archiv für kriminalanthropologie und kriminalistik. Leipzig.
AL.........Årsskrift voor Lund universitet. Ny följd, afd. I: Teologi juridik och humanistiska ämnen. Lund.
AP.........Archiv für papyrusforschung und verwandte gebiete. Leipzig.
APA.......Abhandlungen der Preussischen akademie der wissenschaften. Philosophisch-historische klasse. Berlin.
APAT......American philological association. Transactions. Boston.
AR.........Archiv für rechts- und wirtschafts-philosophie. Berlin.
Arch.......Archives sociologiques. Brussels.
ARW......Archiv für religions-wissenschaft. Leipzig.
ASD.......Académie des sciences, arts, et belles-lettres de Dijon. Mémoires. Dijon.
ASGW....Abhandlungen der Sächsischen gesellschaft der wissenschaften. Philologisch-historische klasse. Leipzig.
ASMP.....Académie des sciences morales et politiques. Compte-rendus. Paris.
AUF.......Årskrift. Upsala universitet. Upsala.
AZ........Archäologische zeitung. Berlin.

ABBREVIATIONS

BAB.......Bulletins de l'Académie royale des sciences, des lettres, et des beaux-arts de Belgique. Classe des lettres et des sciences morales et politiques. Brussels.
BBG.......Blätter für das Bayerische gymnasialschulwesen. Munich.
BCH.......Bulletin de correspondance hellénique. Paris.
BDI.......Bulletino dell' Istituto di diritto romano. Rome.
BFC.......Bolletino di filologia classica. Turin.
BFLL......Bibliothèque de la Faculté de philosophie et lettres de l' Université de Liège. Liège.
BFLP......Bibliothèque de la Faculté des lettres de l'Université de Paris. Paris.
BIS........R. Accademia delle scienze dell' Istituto di Bologna. Memorie di scienze morali. Bologna.
BPh........Berliner philologische wochenschrift. Leipzig.
BSA........British school at Athens. Annual. London.
BSGW......Berichte der Sächsischen gesellschaft der wissenschaften. Philologisch-historische klasse. Leipzig.
BSI........Biblioteca delle scuole italiane.
BSt........Berliner studien für classische philologie und archäologie. Leipzig.
Bu.........Bursians jahresberichte über die fortschritte der klassischen altertumswissenschaft. Leipzig.
BZ.........Byzantinische zeitschrift. Leipzig.
CaC........Case and comment. Rochester, N. Y.
CJ.........Classical journal. Chicago.
CLR.......California law review. Berkeley, California.
CMu.......Classical museum. London.
CoLR......Columbia law review. New York.
CP.........Classical philology. Chicago.
CR........Classical review. London.
CSCP......Cornell studies in classical philology. New York.
Dict.......Dictionnaire des antiquités. Ed. par C.V. Daremberg et Edmond Saglio. Paris.
DL.........Deutsche literaturzeitung. Berlin.
DR........Deutsche revue. Berlin.
FBAW......Festreden der Bayerischen akademie der wissenschaften. Munich.
GB.........Green bag. Boston, Mass.
GGA.......Göttingische gelehrte anzeigen. Berlin.
GN........Nachrichten der Göttinger gesellschaft der wissenschaft. Philologisch-historische klasse. Berlin.
Ha.........Hermathena. Dublin.
HE........Hastings, James, and Selbie, J. A. Encyclopedia of religion and ethics. New York, 1908–22.
Herm......Hermes. Berlin.

ABBREVIATIONS

HG........Das humanistische gymnasium. Heidelberg.
Hr.........Hermes russisch.
JDAI.......Jahrbuch des Deutschen archäologischen instituts. Berlin.
JDIP.......Journal du droit international privé et de la jurisprudence comparée. Paris.
JE.........Journal des économistes. Paris.
JG.........Schmollers jahrbuch für gesetzgebung, verwaltung und volkswirtschaft im deutschen reiche. Leipzig.
JHSt.......Journal of hellenic studies. London.
JNS........Jahrbücher für nationalökonomie und statistik. Jena.
JOAI.......Jahreshefte des Oesterreichischen archäologischen instituts in Wien. Vienna.
JP.........Journal of philology. London.
JS.........Journal des savants. Paris.
Klio........Klio. Leipzig.
KVGR.....Kritische vierteljahrschrift für gesetzgebung und rechtswissenschaft. Munich.
LSt........Leipziger studien zur classischen philologie. Leipzig.
LT.........Law times. London.
MAB.......Mémoires couronnés et autres mémoires de l'Académie des sciences, des lettres et des beaux-arts de Belgique. Brussells.
MAC.......Mémoires de l'Académie nationale des sciences, arts, et belles-lettres de Caen. Caen.
MAH.....Mélanges d'archéologie et d'histoire de l'École française de Rome. Paris.
MAI.......Mitteilungen des Deutschen archäologischen institut. Athenische abteilung. Athens.
MAT.......Mémoires de l'Académie des inscriptions et belles-lettres de Toulouse. Toulouse.
MAW......K. Akademie van wetenschappen. Verslagen en mededeelingen, Alf. Letterkunde. Amsterdam.
MB........Musée Belge. Revue de philologie classique. Louvain.
MBP.......Münchener beiträge zur papyrusforschung. Hrsg. von Leopold Wenger. Munich.
MGJ.......Monatsschrift für geschichte und wissenschaft des judenthums. Dresden.
Mn........Mnemosyne. Leyden.
MPA.......Monatsberichte der Preussischen akademie der wissenschaften. Berlin.
NHJ.......Neue heidelberger jahrbücher. Heidelberg.
NJ.........Neue jahrbücher für klassische philologie (Neue jahrbücher für philologie und pädagogik). Leipzig.
NJKlA.....Neue jahrbücher für das klassische altertum. Leipzig.

ABBREVIATIONS

NRHD.....Nouvelle revue historique de droit français et étranger. Paris.
NRS.......Nuova revista storica. Milan.
NZ........Numismatische zeitschrift. Vienna.
OLR.......Ohio law reporter. Cincinnati, Ohio.
OPST......Oxford philological society transactions. Oxford.
OZS.......Österreichische zeitschrift für strafrecht. Vienna.
PCA.......Proceedings of the Classical association of England. London.
PCPhS.....Proceedings of the Cambridge philological society. London.
PhA.......Philologischer anzeiger. Göttingen.
Philol.....Philologus. Leipzig.
PhU.......Philologische untersuchungen. Berlin.
PLR.......University of Pennsylvania law review. Philadelphia.
PSQ.......Political science quarterly. New York.
RA........Revue archéologique. Paris.
RAL.......Rendiconti della R. Accademia dei Lincei. Rome.
RDM.......Revue des deux mondes. Paris.
RE........Realenzyklopaedie von Pauly-Wissowa-Kroll-Witte. Stuttgart.
REA.......Revue des études anciennes. Bordeaux.
REG.......Revue des études grecques. Paris.
Rel.......Religionsgeschichtliche versuche und vorarbeiten. Giessen.
Revue.....Revue de philologie. Paris.
RGA.......Reallexikon der germanischen altertumskunde. Hrsg. von Johannes Hoops. Strassburg.
RGD.......Revue générale du droit, de la législation et de la jurisprudence en France et à l'étranger. Paris.
RH........Revue historique. Paris.
RHR.......Revue de l'histoire des religions. Paris.
RIL.......Rendiconti dell' Istituto Lombardo di scienze, lettere e arti. Lettere e scienze morali e politiche. Milan.
RILC......Rassegna italiana della lingue e letterature classiche. Naples.
RIP.......Revue de l'instruction publique en Belgique. Brussels.
RIS.......Rivista italiana di sociologia. Turin.
Riv.......Rivista di filologia classica. Turin.
RLAM......Revue de législation ancienne et moderne française et étrangère. Paris.
RM........Rheinisches museum für philologie. Frankfurt-a.-M.
RP........Revue de Paris. Paris.
RS........Rhetorische studien.
RSA.......Rivista di storia antica e scienze affini. Padua.

RUM	Revue des Universités du Midi. Bordeaux.
RZZP	Rheinische zeitschrift für zivil- und processrecht. Berlin.
SAA	Société archéologique d'Alexandrie. Bulletin. Alexandria.
SAW	Sitzungsberichte der Akademie der wissenschaften. Philosophisch-historische klasse. Vienna.
SBAW	Sitzungsberichte der Bayerischen akademie der wissenschaften. Philosophisch-philologische und historische klasse. Munich.
SHA	Sitzungsberichte der Heidelberger akademie der wissenschaften. Philologisch-historische klasse. Heidelberg.
SI	Studi italiani di filologia classica. Florence.
SLLR	St. Louis law review.
SPA	Sitzungsberichte der Preussischen akademie der wissenschaften.
SPP	Studien zur paläographie und papyruskunde. Hrsg. von Carl Wessely. Leipzig.
SR	Studi romani. Rome.
SSP	Studi della scuola papirologica (R. Accademia scientifico-letteraria in Milano). Milan.
TG	Tijdschrift voor geschiedenis, oudhen en statistiek van Utrecht. Utrecht.
TR	Tijdschrift voor rechtsgeschiedenis (Revue d'histoire du droit). Haarlem.
VDP	Versammlung deutscher philologen und schulmänner. Verhandlungen. Leipzig.
VSW	Vierteljahrschrift für social- und wirtschaftsgeschichte. Stuttgart.
WGS	Wissenschaftliche gesellschaft in Strassburg. Schriften. Strassburg.
Wo	Wochenschrift für klassische philologie. Berlin.
WSL	University of Wisconsin studies in language and literature. Madison, Wis.
WSt	Wiener studien. Vienna.
ZGS	Zeitschrift für die gesammte staatswissenschaft. Tübingen.
ZHK	Zeitschrift für das gesammte handels- und konkursrecht.
ZÖG	Zeitschrift für die Oesterreichischen gymnasien. Vienna.
ZP	Zeitschrift für politik. Berlin.
ZR	Zeitschrift für rechtsgeschichte. Weimar.
ZS	Zeitschrift für sozialwissenschaft. Leipzig.
ZSR	Zeitschrift der Savigny-stiftung für rechtsgeschichte. Romanistische Abteilung. Weimar.
Zu	Zukunft. Berlin.
ZVR	Zeitschrift für vergleichende rechtswissenschaft. Stuttgart.

A WORKING BIBLIOGRAPHY
OF GREEK LAW

A WORKING BIBLIOGRAPHY OF GREEK LAW

Periodical references are given in English; others are in the language of the book.
Entries marked with a circle (°) are unverified.

ADAMS, C. D.
Τὰ γέρρα ἐνεπίμπρασαν, Demosthenes, xviii, 169. In CP, vol. 16, pp. 1–11 (1921).

ADCOCK, F. E., AND WHIBLEY, LEONARD.
Constitutions. (In Whibley, Leonard. A companion to Greek studies, chap. 6, pp. 429–463. 3d ed. Cambridge, Eng., 1916.)

AGATHONIKOS, ACHILLES.
Ὁ Ἄρειος πάγος καὶ οἱ Ἐφέται. Ἀττικὸν δίκαιον, Τεῦχος ά. Athens, 1884.

AHRENS, H. L.
Studien zum Agamemnon des Aeschylus. In Philol. suppl., vol. 1, pp. 477–640 (1860).

ALBERTONI, ALDO.
L'apokeryxis: contributo alla storia della famiglia. (Seminario Giuridico della R. Università di Bologna vi, 1923, pubblicazioni.)

ALBRECHT, E.
Beiträge zur texteskritik des Isaios. In Herm., vol. 18, pp. 362–381 (1883).

ALLEN, J. T.
On secrecy in voting in the Athenian law-courts in the fifth century B.C. In CR, vol. 18, pp. 456–458 (1904).

ANDERHUB, J. H.
Platons Politeia und die kritische rechtsphilosophie. Cologne, 1920.

André, Joseph d'.
   La proxénie. Contribution à l'étude du droit international grec. Thèse, Toulouse, 1911.

Anfossi, P. C.
   Le legislazioni di Solone e Servio Tullio. Turin, 1899.

Anthes, E. G.
   De emptione venditione Graecorum quaestiones epigraphicae. Halle, 1885. Inaug.-diss., Halle.

Appleton, Charles.
   (Mélanges Ch. Appleton.) Études d'histoire du droit. In Annales de l'Université de Lyon, n. s. ii, Droit, lettres, no. 13, 1903.

Ardaillon, Édouard.
   Metalla. In Dict.
   Les mines du Laurion dans l'antiquité. Paris, 1897. (Bibliothèque des Écoles françaises d'Athènes et de Rome, fasc. 77.)

Arnim, Hans von.
   Ein altgriechisches königsideal. Frankfurter universitätsreden, 1916.
   Gerechtigkeit und nutzen in der griechischen aufklärungsphilosophie. Frankfurter universitätsreden, 1916.
   Die politischen theorien des altertums. Vienna, 1910.
   Das testament des Isokrates. Gedanken über politische sophistik. In DR, vol. 42, pt. 2, pp. 245–256; pt. 3, pp. 28–41 (1917).

Arnold, A. B.
   De Atheniensium saeculi a. Ch. n. quinti praetoribus. Dresden [1873]. Inaug.-diss., Leipzig.

Arnold, Thomas.
   On the Spartan constitution. (In his Thucydides. De bello Peloponnesiaco, vol. 1, app. ii, pp. 525–532, 8th ed. Oxford, 1874.)

Arvanitopullos, A. S.
Ζητήματα τοῦ 'Αττικοῦ δικαίου. II. Περὶ τῶν εὐθυνῶν ἀρχόντων καὶ ἰδίᾳ περὶ τῶν λογιστῶν, συνηγόρων, εὐθυνῶν και παρέδρων, ἐν σχέσει πρὸς τὴν 'Αριστοτέλους " 'Αθηναίων πολιτείαν." Athens, 1900.
Questioni di diritto attico. I. Dei debitori verso lo stato ateniese, etc. Rome, 1899.
Θεσσαλικαὶ ἐπιγραφαί. In AE, 1911, pp. 129–149.

Ashburner, Walter.
The farmer's law. In JHSt, vol. 30, pp. 85–108 (1910); vol. 32, pp. 68–95 (1912).
The Rhodian sea-law. Oxford, 1909.

Assen, I. C. van.
°De abdicatione apud Athenienses.

Attinger, Gustave.
Essai sur Lycurgue et ses institutions. Neuchatel, 1892.

Auerbach, Leonard.
De Lacedaemoniorum regibus. Berlin, 1863. Diss., Berlin.

Auger, Athanase.
°Traité de la juridiction et des lois d'Athènes.

Babelon, E.
Triôbolon. In Dict.

Bach, A.
Ueber die beschaffenheit und den verschiedenartigen zweck der von den ältesten völkern bis in die zeiten des Christenthums bestandenen asyle. Pr., Glatz, 1827.

Baerwinkel, Johann.
De lite Ctesiphontea commentatio. Sondershausen, 1878. Diss., Leipzig.

Baier, Bartholomaeus.
Studien zur achäischen bundesverfassung. Pr., Würzburg, 1885/86.

Bake, Jan.
Scholica hypomnemata. Leyden, 1837–62.

BALABANOFF, ALEXANDER.
Untersuchungen zur geschäftsfähigkeit der griechischen frau. Borna-Leipzig, 1905. Inaug.-diss.,Erlangen.

BALLET, L.
Constitutions oligarchiques d'Athènes sous la révolution de 412–411. In MB, vol. 2, pp. 1–31 (1898).

BALOG, ELEMÉR.
Randbemerkungen zur rechtsschaffung im kriege. Hanover, 1916.

BAMBERG, ALBERT VON.
Ueber einige auf das attische gerichtswesen bezügliche Aristophanes stellen. In Herm., vol. 13, pp. 505–514 (1878).

BANNIER, WILHELM.
Die tributeinnahmeordnung des attischen staates. In RM, ser. 3, vol. 54, pp. 544–554 (1899).
Weitere bemerkungen zu den attischen rechnungs- und übergabeurkunden. In RM, ser. 3, vol. 65, pp. 1–21 (1910).
Zu den attischen rechnungsurkunden des 5. jahrhunderts. In RM, ser. 3, vol. 61, pp. 202–231 (1906).

BARKER, ERNEST.
Greek political theory; Plato and his predecessors. New edition, revised and rewritten from first four chapters of his "The political thought of Plato and Aristotle." London, 1918.

BARNETT, L. D.
Some conjectures on the Drakonian and Solonian constitutions. In PCPhS, nos. 46–48, pp. 3–5 (1897). An abstract.

BARON, CHARLES.
La candidature politique chez les Athéniens. In REG, vol. 14, pp. 372–399 (1901).

BARRILLEAU, G.
De la constitution de dot dans l'ancienne Grèce. In NRHD, vol. 7, pp. 145–185 (1883).

Des sources du droit grec. In NRHD, vol. 7, pp. 613–657 (1883).

BARTH, BERNHARD.
De Graecorum asylis. Strassburg, 1888. Inaug.-diss., Strassburg.

BARTH, HEINRICH.
Corinthiorum commercii et mercaturae historiae particula. Berlin, 1844. Inaug.-diss.,Berlin.

BARTSCH, ROBERT.
Die rechtsstellung der frau als gattin und mutter. Leipzig, 1903.

BASTID, PAUL.
L'hypothèque grecque et sa signification historique. Tours, 1917. Thèse, Paris.

BAUCKE, F. A.
De thesmothetis Atheniensium. Breslau? 1844. Diss., Breslau.

BAUDRILLART, ANDRÉ.
Mendicatio (I-Grèce). In Dict.

BAUER, ADOLF.
Forschungen zur griechischen geschichte. Munich, 1899.
Die griechischen kriegsaltertümer. 2. umg. u. verm. aufl. Munich, 1893. (In Mueller, I. Handbuch der klassischen alterthumswissenschaft, bd. 4, abt. 1, hälfte 2, s. 269–469.)

BAUMEISTER, AUGUST.
Hochzeit. In Denkmäler des klassischen altertums zur erläuterung des lebens der Griechen und Römer in religion, kunst, und sitte. Munich, 1885–88.

BAUMHAUER, M. M. VON.
Περὶ τῆς εὐλόγου ἐξαγωγῆς. Veterum philosophorum praecipue Stoicorum doctrina de morte voluntaria. Utrecht, 1842.

BAUMSTARK, ANTON.
De curatoribus emporii et nautodicis apud Athenienses disputatio. Freiburg, 1828.

BAZIN, HIPPOLYTE.
De Lycurgo. Paris, 1885. Thèse, Paris.

BEASLEY, T. W.
Un cas unique de cautionnement. In Revue, n. s., vol. 23, pp. 270–273 (1899).

Le cautionnement dans l'ancien droit grec. Paris, 1902. (Bibliothèque de l'École pratique des hautes-études, fasc. 143.)

The κύριος in Greek states other than Athens. In CR, vol. 20, pp. 249–253 (1906).

BEAUCHET, LUDOVIC.
Études sur l'ancien droit attique. De la polygamie et du concubinat à Athènes. Paris, 1895.

L'histoire du droit privé de la république athénienne. Paris, 1897.

Hyiothèsia; Hypobolès graphè; Kakotechniôn dikè; Karpou dikè; Kyrios; Locatio (Droit grec); Mandatum (Grèce); Misthôséôs dikè; Misthôsis oikou; Mutuum (Droit grec); Nothoi; Occupatio (Droit grec); Oikias dikè; Ousias dikè; Parakatabolè; Parakatathèkès dikè; Paranoias dikè; Patria potestas (Droit grec); Possessio (Droit grec); Praescriptio (Droit grec); Privilegium (Droit grec); Prodigus (Droit grec); Rei vindicatio (Droit grec); Res (Droit grec); Seisachtheia; Sequester (Droit grec); Servi (Droit grec, I–VI); Servitus (Grèce); Substitutio (I–Droit grec); Successio (Droit grec); Synallagma; Syngraphè (Droit grec); Synthèkôn parabaséôs dikè; Testamentum (Droit grec); Traditio (Droit grec); Transscriptio (Droit grec); Traumatos ek pronoias graphè. In Dict.

BECHTEL, F.
Zur entschädigungsurkunde von Troezen. In Herm., vol. 36, pp. 610–612 (1901).

BECKER, AUGUST.
 De Rhodiorum primordiis. Leipzig, 1882. Inaug.-diss., Jena.

BECKER, W. A.
 Charikles; Bilder altgriechischer sitte, zur genaueren kenntniss des griechischen privatlebens. Neu bearb. von Hermann Goell. Berlin, 1877-78.

BEKKER, A. E.
 Anecdota Graeca. Berlin, 1814-21.

BELOCH, JULIUS.
 Die attische politik seit Perikles. Leipzig, 1884.
 Das attische timema. In Herm., vol. 22, pp. 371-377 (1887).
 Die attischen archonten im 3. jahrhundert. In Klio, vol. 1, pp. 401-423 (1901-02).
 Bevölkerung der griechisch-römischenwelt. Leipzig, 1886. (Historische beiträge zur bevölkerungslehre. Erster theil.)
 Griechische geschichte. 2. aufl. Strassburg, 1912- .
 Die grossindustrie im altertum. In ZS, vol. 2, pp. 18-26 (1899).
 Die handelsbewegung im altertum. In JNS, vol. 73, pp. 626-631 (1899).
 Die nauarchie in Sparta. In RM, ser. 3, vol. 34, pp. 117-130 (1879).
 Das volksvermögen von Attika. In Herm., vol. 20, pp. 237-261 (1885).
 Zur finanzgeschichte Athens. IV. Der richtersold. In RM, ser. 3, vol. 39, pp. 239-259 (1884).
 Zur griechischen wirtschaftsgeschichte. In ZS, vol. 5, pp. 95-103, 169-179 (1902).

BENNDORF, OTTO.
 Beiträge zur kenntniss des attischen theaters. In ZÖG, vol. 26, pp. 579-618 (1875). (Official tokens.)

BENTLEY, RICHARD.
  Dissertation on the epistles of Phalaris, Themistocles, Socrates, Euripides, and others; and the fables of Aesop. 2d ed. London, 1697. (The lawgivers.)
BÉRARD, VICTOR.
  De arbitrio inter liberas Graecorum civitates. Paris, 1894. Thèse, Paris.
  Les Phéniciens et l'Odyssée. Paris, 1902–03.
BERGER, ADOLF.
  Die strafklauseln in den papyrusurkunden. Ein beitrag zum gräko-ägyptischen obligationenrecht. Leipzig and Berlin, 1911.
  Wohnungsmiete und verwandtes in den gräko-ägyptischen papyri. In ZVR, vol. 29, pp. 321–415 (1913).
BERGK, THEODOR.
  Die geschwornengerichte zur Athen. In VDP, vol. 9, pp. 38–46 (1847).
  Lösungen. VI. Ein gesetz des Solon (Drakon). In Philol., vol. 32, pp. 669–681 (1873).
  Boeckh, August. Die staatshaushaltung der Athener. (Review.) In NJ, vol. 65, pp. 382–402 (1852).
BERGMANN, R.
  Ueber zwei griechische reliefs und eine griechische inschrift von Thasos. In Herm., vol. 3, pp. 233–242 (1869). (Market-commissioner in Thasos.)
BERNARD, PH.
  De archontibus reipublicae Atheniensium. Louvain, 1825.
BERNARDAKIS, A. N.
  Les banques dans l'antiquité. In JE, ser. 4, vol. 14, pp. 336–354; vol. 15, pp. 181–217 (1881).
BERNAYS, JACOB.
  Phokion und seine neueren beurtheiler. Ein beitrag zur geschichte der griechischen philosophie und politik. Berlin, 1881.
BESSE, P.
  Eupatridea. Pr. [Konitz?] 1840.

BIEDERMANN, ERHARD.
Studien zur ägyptischen verwaltungsgeschichte in ptolemäisch-römischer zeit. I. Der Βασιλικὸς Γραμματεύς. Berlin, 1913.

BILABEL, FRIEDRICH.
Die ionische kolonisation. In Philol. suppl. 14, no. 1 (1920).

BILLETER, GUSTAVE.
Geschichte des zinsfusses im griechisch-römischen alterthum bis auf Justinian. Leipzig, 1898.

BIRT, TH.
Zur phylenordnung Alexandriens. In RM, ser. 3, vol. 65, pp. 317–318 (1910).

BISCHOFF, A.
Ueber den seeraub. In Philol., vol. 34, pp. 561–563 (1876).

BISOUKIDES, P. K.
Der hochverrat. Eine historische und dogmatische studie. Berlin, 1903.
Der prozess des Sokrates. (In griechischer sprache dargestellt, mit einer vorrede von Josef Kohler. Berlin, 1918.)

BLANCHARD, ELIE.
Observations sur les lois qui authorisoient les adoptions à Athènes. In AIB, vol. 12, pp. 68–74 (1737).
Sur les héliastes. In AIB, vol. 7, pp. 68–73 (1730).

BLANT, EDMOND LE.
De quelques monuments antiques relatifs à la suite des affaires criminelles. In RA, ser. 3, vol. 13, pp. 23–30, 145–162 (1889).

BLASCHKE, SIGISMUND.
De antidosi apud Athenienses. Berlin, 1876.

BLASS, F. W.
Die sozialen zustände Athens im iv. jahrhundert. Kiel, 1885.
Zu Demosthenes Leptinea. In NJ, vol. 135, pp. 717–720 (1887).

BLAU, L.
°Die strafklauseln der griechischen papyrusurkunden beleuchtet durch die aramäischen papyri und durch den Talmud. In MGJ, vol. 63, pp. 138–155 (1919).

BLOCH, MORITZ.
Die freilassungsbedingungen der delphischen freilassungsinschriften. Strassburg, 1914. Inaug.-diss., Strassburg.

BLUEMNER, HUGO.
Die gewerbliche thätigkeit der völker des klassischen alterthums. Preisschriften, Leipzig, 1869.

Technologie und terminologie der gewerbe und künste bei Griechen und Römern. Leipzig, 1879–1912. Bd. I, 2. aufl., 1912.

BOECKH, AUGUST.
De archontibus pseudeponymis. In APA, 1827, pp. 129–159.

De ephebia attica; dissertatio prior. Opuscula academica berolinensia, 1819. (Also in his Kleine schriften, bd. 4, s. 137–148. Leipzig, 1858–74.)

De ephebia attica; dissertatio ii. De militaribus epheborum tirocensis. Opuscula academica berolinensia, 1819/20. (Also in his Kleine schriften, bd. 4, s. 149–156. Leipzig, 1858–74.)

De $\psi ευδομαρτυριῶν$ et $\psi ευδοκλητείας$ actione. Opuscula academica berolinensia, 1817/18. (Also in his Kleine schriften, bd. 4, s. 120–124. Leipzig, 1858–74.)

De Sophoclis Oedipi Colonei tempore; dissertatio prior. Opuscula academica berolinensia, 1825/26. (Also in his Kleine schriften, bd. 4, s. 228–234. Leipzig, 1858–74.)

De Sophoclis Oedipi Colonei tempore; dissertatio altera. Opuscula academica berolinensia, 1826. (Also in his Kleine schriften, bd. 4, s. 235–244. Leipzig, 1858–74.) (Alleged litigation between Sophocles and his sons.)

Metrologische untersuchungen über gewichte münzfüsse und masse des alterthums in ihrem zusammenhange. Berlin, 1838.

Die staatshaushaltung der Athener. 3. aufl., hrsg. und mit anmerkungen begleitet von Max Fraenkel. Berlin, 1886.

Ueber die laurischen silberbergwerke in Attika. In APA, 1815, pp. 85–140. (Also in his Kleine schriften, bd. 5, s. 1–64. Leipzig, 1858–74.)

Urkunden über das seewesen des attischen staates — hergestellt erläutert. Berlin, 1840. (Reissued as bd. 3 of his Staatshaushaltung der Athener. 3. aufl., hrsg. und mit anmerkungen begleitet von Max Fraenkel. Berlin, 1886.)

Von den zeitverhältnissen in Demosthenes' rede gegen Meidias. In APA, 1818, pp. 60–100. (Also in his Kleine schriften, bd. 5, s. 153–204. Leipzig, 1858–74.)

BOEETHIUS, AXEL.
Der argivische kalender untersucht. In AUF, 1922, no. 1.

BOESCH, FRIEDRICH.
De xii tabularum lege a Graecis petita; quaestiones philologae. Göttingen, 1893. Inaug.-diss., Göttingen.

BOHM, F. O. H.
De εἰσαγγελίαις ad comitia Atheniensium delatis. Halle [1874?]. Inaug.-diss., Halle.

BOHSTEDT, EDUARD.
De rebus capitalibus Atheniensium quae τῶν φονικῶν nomine comprehenduntur. Rendsburg, 1863.

BOISSEVAIN, U. P.
Die dienstplicht der leden van het eerste attisch zeeverbond. In MAW, ser. 4, vol. 4, pp. 122–148 (1901).

BOISSONADE, G. E.
De la réserve héréditaire chez les Athéniens. Paris, 1867. (Extrait de la Revue historique du droit, 1867.)

Histoire de la réserve héréditaire et de son influence morale et économique. Paris, 1873.

BOLKESTEIN, H.
The exposure of children at Athens and the ἐγχυτρίστριαι. In CP, vol. 17, pp. 222–239 (1922).

BOLKESTEIN, H.
 °Het te vondeling leggen in Athene. In TG, vol. 3, pt. 3, 1923.
 Zur entstehung der "ionischen" phylen. In Klio, vol. 13, pp. 424–450 (1913).

BONET, A.
 De l'origine historique des interdits relatifs aux res publicae. Paris, 1897. Thèse, Lyon.

BONFANTI, PIETRO.
 Scritti giuridici varii, vol. 1, chaps. x, xi, xii. Turin, 1916.

BONNER, R. J.
 Administration of justice in the age of Hesiod. In CP, vol. 7, pp. 17–23 (1912).
 Administration of justice in the age of Homer. In CP, vol. 6, pp. 12–36 (1911).
 Administration of justice under Pisistratus. In CP, vol. 19, pp. 359–361 (1924).
 Apollodorus vs. Phormio; criminal assault. In CP, vol. 14, pp. 83–84 (1919).
 The Boeotian federal constitution. In CP, vol. 5, pp. 405–417 (1910).
 Did women testify in homicide cases at Athens? In CP, vol. 1, pp. 127–132 (1906).
 Evidence in Athenian courts. Chicago, 1905. (Also issued as the author's Ph.D. thesis, University of Chicago.)
 Evidence in the Areopagus. In CP, vol. 7, pp. 450–456 (1912).
 The institution of Athenian arbitrators. In CP, vol. 11, pp. 191–195 (1916).
 The jurisdiction of Athenian arbitrators. In CP, vol. 2, pp. 407–418 (1907).
 The legal setting of Isocrates' "Antidosis." In CP, vol. 15, pp. 193–197 (1920).
 The legal setting of Plato's "Apology." In CP, vol. 3, pp. 169–177 (1908).

The Megarian decrees. In CP, vol. 16, pp. 238–245 (1921).
The minimum vote in ostracism. In CP, vol. 8, pp. 223–225 (1913).
The use and effect of Attic seals. In CP, vol. 3, pp. 399–407 (1908).
Wit and humor in Athenian courts. In CP, vol. 17, pp. 97–103 (1922).

BONUCCI, ALESSANDRO.
La legge comune nel pensiero greco. Perugia, 1903.

BOOR, CARL DE.
Ueber das attische intestaterbrecht und einige gegenstände des attischen rechtes und prozesses; zunächst als prolegomena zu der rede des Demosthenes gegen Makartatos. Hamburg, 1838.

BORGIA, N.
Il concetto della civiltà greca e sua funzione nella storia. Naples, 1881.

BORSCHOS, S.
Der areopag zu Perikles zeit. Pr., Papa, 1890. (Hungarian.)

BOSANQUET, B.
Grote on the Athenian constitution. In AC, vol. 12, pp. 220–221 (1877).
Mr. Grote and Professor Schoemann. (Correspondence.) In AC, vol. 17, p. 236 (1880).

BOSSLER, C. L.
De gentibus et familiis Atticae sacerdotalibus. Darmstadt, 1833.

BOTSFORD, G. W.
The Athenian constitution. In CSCP, no. 4 (1893).
The constitution and politics of the Boeotian league from its origin to the year 387 B.C. In PSQ, vol. 25, pp. 271–296 (1910).

BOTTERMUND, WILHELM.
De republica Rhodiorum commentatio. Halle, 1882. Inaug.-diss., Halle.

Bouché-Leclercq, A.
Lustratio. In Dict.

Bougainville, J. P. de.
Quels étaient les droits des métropoles grecques sur les colonies, les devoirs des colonies envers les métropoles, et les engagements réciproques des unes et des autres? Paris, 1745. (Dissertation qui a remporté le prix de l'Académie royale des inscriptions et belles lettres en l'année, 1745.)

Boulard, Louis.
Les instructions écrites du magistrat au juge-commissaire dans l'Égypte romaine. Paris, 1906.

Bourguet, Émile.
L'administration financière du sanctuaire pythique au 4. siècle avant J.-C. Paris, 1905. (Bibliothèque des Écoles françaises d'Athènes et de Rome, fasc. 95.)

Inscriptions de Delphes. I. Les comptes de l'archontat d'Aristonymos. II. Comptes particuliers des naopes. In BCH, vol. 26, pp. 5–94 (1902).

See also Coure, L., and Bourguet, Émile.

Boxler, Antoine.
Précis des institutions publiques de la Grèce et de Rome anciennes. 3. éd. Paris, 1910.

Brandis, Johannes.
Münz-, mass- und gewichtswesen in Vorderasien bis auf Alexander den Grossen. Berlin, 1866.

Brants, Victor.
°De la condition du travailleur libre dans l'industrie athénienne. In RIP, vol. 26, pp. 100–118 (1883).

Propriété et communauté dans le droit athénien. Louvain, 1882. (Études sur les antiquités economiques de la Grèce, fasc. 5.)

°Les sociétés commerciales à Athénes. In RIP, vol. 22, pp. 109–125 (1882).

Brassloff, Stephan.
Die gesetzliche erbfolge im recht von Gortyn. In WSt, vol. 34, pp. 262–264 (1912).

Zur kenntniss des volksrechtes in den romanisirten ostprovinzen des römischen kaiserreiches. Weimar, 1902.

BRAUN, REINHOLD.
De duabus adversus Aristogitonem orationibus quas Demosthenes scripsisse fertur. Greifswald, 1873. Inaug.-diss., Greifswald.

BRECCIA, EVARISTO.
Il diritto dinastico nelle monarchie dei successori d'Alessandro Magno. Rome, 1903. (Studi di storia antica, pubblicati da Giulio Beloch, fasc. 4.)

BRÉHIER, LOUIS.
De graecorum iudiciorum origine. Paris, 1899. Thèse, Paris.
L'origine des titres impériaux à Byzance. Βασιλεὺς et δεσπότης. BZ, vol. 15, pp. 161–178 (1906).

BRENOT, ALICE.
Recherches sur l'éphébie attique et en particulier sur la date de l'institution. Paris, 1920. (Bibliothèque de l'École pratique des hautes-études, fasc. 229.)

BREUJEL, J. W. TEN.
De foedere boeotico. Groningen, 1834. Inaug.-diss., Groningen.

BREWER, H.
Die unterscheidung der klagen nach attischem recht und die echtheit der gesetze in sectionen 47–113 der demosthenischen Midiana. In WSt, vol. 22, pp. 258–306 (1900); vol. 23, pp. 26–86 (1901).

BRILLANT, MAURICE.
Les secrétaires athéniens. Paris, 1911. (Bibliothèque de l'École pratique des hautes-études, fasc. 191.)
Trierarchia, Trierarchus; Xénia; Xénias graphè. In Dict.

BRINGER.
°De asylorum origine, usu et abusu. Leyden, 1828.

BRINKMANN, BERNHARD.
De Antiphontis oratione de choreuta, commentatio philologica. Jena, 1888. Inaug.-diss., Leipzig.

BROCHER, H.
   Athènes et la sécularisation du droit. In RGD, vol. 7, pp. 240–249 (1883).

BROUWER, PIETER VAN LIMBURG.
   Histoire de la civilisation morale et religieuse des Grecs. Groningen, 1833–42.

BRUCK, E. F.
   Die entstehung des griechischen testaments und Platos Nomoi. In ZSR, vol. 32, pp. 353–359 (1911).

   Die schenkung auf den todesfall im griechischen recht. Breslau, 1909. (Studien zur erläuterung d. bürgerlichen rechts, hft. 31.)

   Ueber die organisation der athenischen heliastengerichte im 4. jahr. v. Chr. In Philol., vol. 52, pp. 295–317 (1894).

   Zur geschichte der verfügungen von todeswegen im altgriechischen recht. Breslau, 1909.

BRUECKNER, ALFRED.
   Anakalypteria. Berlin, 1904. (In Berlin. Archäologische gesellschaft. Programm zum Winckelmannsfeste, nr. 64.)

   Athenische hochzeitsgeschenke. In MAI, vol. 32, pp. 79–122 (1907).

BRUGI, BIAGIO.
   °Il diritto greco classico e la sociologia. In RIS, vol. 10, pp. 10 ff. (1906).

BRUNET DE PRESLE, WLADIMIR.
   Recherches sur les établissements des Grecs en Sicile jusqu'à la réduction de cette île en province romaine. Paris, 1845.

BRUNS, IVO.
   Das literarische porträt der Griechen im 5. und 4. jahrhundert v. Ch. Berlin, 1896.

BRUNS, K. G.
   Die testamente der griechischen philosophen. In ZSR, vol. 1, pp. 1–52 (1880).

Bruyn de Neve-Moll, H. M. de.
Disputatio literaria de peregrinorum apud Athenienses conditione. Dordrecht, 1839. Inaug.-diss., Leyden.

Bry, M. J.
Essai sur la vente dans les papyrus égyptiens. Paris, 1909. Thèse, Aix-Marseille.

Buchheim, E. W.
Beiträge zur geschichte des delphischen staatswesens. Pr., Freiburg, 1898.

Buddenhagen, Friedrich.
Περὶ γάμου. Antiquorum poetarum philosophorumque Graecorum de matrimonio sententiae, e quibus mediae novaeque comoediae iudicia locique communes illustrantur. Zürich, 1919. Inaug.-diss., Basel.

Budé, Guillaume.
°De Asse et partibus ejus, libri quinque. Paris, 1527. (Εἰ'σφορά p. 422.)

Buecheler, Franz, and Zitelmann, Ernst.
Bruchstücke eines zweiten gesetzes von Gortyn. In RM, ser. 3, vol. 41, pp. 118–133 (1886).

Das recht von Gortyn. In RM, ser. 3, vol. 40, suppl. (1885).

Buecher, Karl.
Die enstehung der volkswirtschaft, vorträge und versuche. 9. aufl. Tübingen, 1913.

Die wirtschaft der naturvölker. Vortrag, gehalten in der Gehe-stiftung zu Dresden am 13 November, 1897. Dresden, 1898.

Zur griechischen wirtschaftsgeschichte. (In Festgaben für Albert Schaeffle, nr. 3. Tübingen, 1901.)

Buechner, Wilhelm.
Ueber die Lykiarchen. In Philol., vol. 50, pp. 750–758 (1891).

Buechsenschuetz, A. B.
Besitz und erwerb im griechischen altertume. Halle, 1869.

BUECHSENSCHUETZ, A. B.
De opificum apud veteres Graecos condicione; diss. 1. scripsit Hermannus Frohberger. (Review.) In NJ, vol. 95, pp. 11-22 (1867).
Die hauptstätten des gewerbfleisses im klassischen alterthume. (Preisschriften, nr. 14. Leipzig, 1869.)

BUERGEL, HEINRICH.
Die pyläisch-delphische amphiktyonie. Munich, 1877.

BUERMANN, HEINRICH.
Animadversiones de titulis atticis quibus civitas alicui confertur sive redintegratur. In NJ, suppl., vol. 10, pp. 343-362 (1878-79).
Das attische intestaterbfolgesetz. In RM, ser. 3, vol. 32, pp. 353-385 (1877).
Drei studien auf dem gebiet des attischen rechts. In NJ, suppl., vol. 9, pp. 567-646 (1877-78).
Hermann, K. F. Lehrbuch der griechischen antiquitäten, bd. II, abt. I (Review). In BPh, vol. 5, pp. 590-594 (1885).
Die unechtheit der dritten angeblich demosthenischen rede wider Aphobos. In NJ, vol. 115, pp. 585-612 (1877).

BUNSEN, C. K. J.
De iure hereditario Atheniensium disquisitio philologica ab amplissimo philosophorum ordine göttingensi praemio regio ornata. Göttingen, 1813.

BURCKHARDT, J.
°Sklaverei in Griechenland. In Zu, vol. 7, no. 1 (1899?).

BURGKHARDT, RUDOLF.
De causa orationis adversus Spudiam Demosthenicae (XLI) [Leipzig?] 1908. Inaug.-diss., Leipzig.

BURLE, E.
Essai historique sur le développement de la notion de droit naturel dans l'antiquité grecque. Trévoux, 1908.

BURSIAN, KONRAD.
De foro Athenarum. Pr., Zürich, 1865.

BURSY, BERNHARD.
De Aristotelis Πολιτείας 'Αθηναίων partis alterius fonte et auctoritate. Dorpat, 1897.

BUSOLT, GEORG.
Griechische geschichte bis zur schlacht bei Chaeroneia. Gotha, 1893–1904. (Handbücher der alten geschichte, 2. ser., 1. abth.)
Griechische staatskunde. 3. aufl. Munich, 1920. (In Mueller, I. Handbuch der klassischen altertumswissenschaft, bd. 4, abt. 1, hälfte 1.)
°Otscherk gossundarstwennych i prawowych gretschesskich drewnosstej. Charkow, 1895.
Zur dienstpflicht der athenischen bündner. In RM, ser. 3, vol. 37, pp. 637–642 (1882).
Der zweite athenische bund und die auf der autonomie beruhende hellenische politik von der schlacht bei Knidos bis zum frieden des Eubulos. In NJ, suppl., vol. 7, pp. 641–866 (1873–75).

BUSSMANN, J. B.
Die boeotische verfassung. Diss., Münster, 1912.

BUSSON, ARNOLD.
Lykurgos und die grosse rhetra. Pr., Innsbruck, 1887.

BYLEVELD, VAN EYCK.
De furti delicto iure attico. Leyden, 1843.

CAILLEMER, EXUPERÈ.
I. Le contrat de dépôt; II. Le mandat et la commission à Athènes; III. Le cautionnement judicio sistendi causa. In MAC, 1876, pp. 508–542.
Le contrat de vente à Athènes. In RLAM, 1870/71, pp. 631–71; 1873, pp. 1–41.
Le droit de tester à Athènes. In AEG, vol. 4, pp. 19–39 (1870).
Études sur les antiquités juridiques d'Athènes. Paris, 1865–73.
 1. Des institutions commerciales d'Athènes au siècle de Démosthènes. 1865.

CAILLEMER, EXUPERÈ.
2. Lettres de change et contrat d'assurance. 1865.
3. Le crédit foncier à Athènes. 1866.
4. Les papyrus grecs du Louvre et de la Bibliothèque impériale. 1867.
5. La restitution de la dot à Athènes. 1867.
6. La propriété littéraire à Athènes. 1868.
7. La prescription à Athènes. 1869.
8. Le contrat de louage à Athènes. 1870.
9. Le contrat de prêt à Athènes. 1870.
10. Le contrat de société à Athènes. 1873.

Adikiou graphè; Adeia; Agamiou graphè; Agéôrgiou dikè; Agôgè; Agôgimos; Agorachos; Agoraia télè; Agoranomoi; Agraphiou graphè; Agraphoi nomoi; Agraphou métallou graphè; Agronomoi; Aikias dikè; Aischrologein; Aischrourgia; Aisitoi; Aisymnètès; Akoèn martyrein; Akosmia; Alogiou graphè; Amblôséôs graphè; Améliou dikè; Amphiorkia; Amphisbètèsis; Anagôgès dikè; Anagraphè; Anakalyptèria; Anakrisis; Anankaion; Anaphora; Anaskeuazein; Anatokismos; Anaumachiou graphè; Anchisteia; Andrapodismou graphè; Androlepsia; Anomalôsis; Antidosis; Antigrapheis; Apagôgè; Apatèséôs tou dèmou graphè; Apéleuthéroi, I–IV; Aphamiôtai; Aphanès ousia; Aphélès; Aphester; Aphètai; Aphètoi hèmérai; Apodektai; Apographè; Apophasis; Apophora; Apophradés hèmérai; Aporrhèsis; Aporrhèta; Apostoleis; Apotimèma; Apotympanismos; Aprostasiou graphè; Apsychôn dikè; Aqua, III (Pour la Grèce); Architectus, II (᾿Αρχιτέκτων); Archônès; Archontés; Areopagus; Argias graphè; Argyrologoi; Argyrotamiai; Asébeia; Astrateias graphè; Astynomoi; Asylia; Atéleia; Atimia; Automachein; Automolias graphè; Autonomoi; Axonés; Barathron; Bebaiôséôs dikè; Biaiôn dikè; Boeoticum foedus; Bolitou dikè; Bonorum cessio, I; Bônai; Boulè; Bouleuséôs graphè; Carcer; Colonies grecques; Commodatum, I. Grèce; Compensatio, II; Concubinatus — Grèce; Cretensium respublica; Crux; Datètai; Deilias graphè; Dékadarchia; Dékasmou graphè;

Dékatè; Dèmioprata; Dèmiourgoi; Dèmokratia; Dèmopoiètos; Dèmosioi; Dèmouchoi; Depositum, I. Grèce; Diadikasia; Diadoseis; Diagogion; Diagramma; Diagraphein; Diaitètai; Diamastigôsis; Diapsèphisis; Dikai apo symbolôn; Dikastai; Dikastai kata dèmous; Dioikèsis; Diômosia; Diorthôtèrés; Divortium — Grèce; Dokimasia; Donatio, I. Grèce, II. Donations à cause de mort, III. Donations entre époux; Dynasteia; Eggyè; Eikostè; Eis emphanôn katastasin dikè; Eisaggélia; Eisagôgeis; Gérousia; Gortyniorum leges; Grammateis; Graphè; Gynaekonomoi; Halia et haliastai; Harpagès graphè; Heirgmou graphè, Hékatostè; Hektèmoroi; Heliaea; Hendéka; Hestiasis; Hétairèséôs graphè; Hiérosylias graphè; Hippobotai; Homoioi; Horos; Hybréôs graphè; Hypèkooi; Hypomeionés; Katalogeis; Nomoi; Phonikoi nomoi; Phonos. In Dict.

See also Gide, Paul, and Caillemer, Exuperè; Humbert, G., and Caillemer, Exuperè.

CALDARA, ALESSANDRA.

I connotati personali nei documenti d'Egitto dell' età greca e romana. Milan, 1924. (Studî della scuola papirologica della R. Accademia scientifico-letteraria, vol. 4, pt. 2.)

CALDERINI, ARISTIDE.

°L'indicazione dell' età individuale nei documenti dell' Egitto greco-romano. In RILC, vol. 2, pp. 317–325 (1920).

La manomissione e la condizione dei liberti in Grecia. Milan, 1908. (Opera premiata dalla R. Accademia scientifico-letteraria di Milano col premio Lattes.)

CALDWELL, W. E.

Hellenic conceptions of peace. New York, 1919. (Studies in history, economics, and public law, edited by the Faculty of political science of Columbia university, vol. 84, no. 2.) Also published as the author's Ph.D. thesis, Columbia university, 1919.

CALHOUN, G. M.

Athenian clubs in politics and litigation. Austin, Texas, 1913. Thesis (Ph.D.), University of Chicago, 1911. (Reprinted from the University of Texas bulletin, no. 262; Humanistic series, no. 14.)

Athenian magistrates and special pleas. In CP, vol. 14, pp. 338–350 (1919).

Demosthenes against Boeotus (xxxix), 37, 38. In CP, vol. 16, pp. 287–288 (1921).

Διαμαρτυρία, Παραγραφή and the law of Archinus. In CP, vol. 13, pp. 169–185 (1918).

Documentary frauds in litigation at Athens. In CP, vol. 9, pp. 134–144 (1914).

The early history of crime and criminal law in Greece. In PCA, vol. 18, pp. 86–104 (1921).

Ἐπίσκηψις and the Δίκη Ψευδομαρτυρίων. In CP, vol. 11, pp. 365–394 (1916).

Greek law and modern jurisprudence. In CLR, vol. 11, pp. 295–312 (1923).

The jurisprudence of the Greek city. In CoLR, vol. 24, pp. 154–171 (1924).

The materials for a study of Greek law. In CLR, vol. 12, pp. 463–480 (1924).

Oral and written pleading in Athenian courts. In APAT, vol. 50, pp. 177–193 (1919).

Παραγραφή and arbitration. In CP, vol. 14, pp. 20–28 (1919).

Perjury before Athenian arbitrators. In CP, vol. 10, pp. 1–7 (1915).

The status of Callistratus in the litigation over the estate of Conon. [Demosthenes] xlviii, 31, 43 ff. In CP, vol. 13, pp. 410–412 (1918).

The will of Pasion and its seals. Demosthenes, xlv, 17. In CP, vol. 10, pp. 75–76 (1915).

CALOGIROU, GEORGES.

Die arrha im vermögensrecht in berücksichtigung der ostraka und papyri. Leipzig, 1911. (Pt. I published as the author's inaug.-diss., Leipzig, 1911.)

CAMPFE, H.
°Kulturní obrázky z starého recka. Prag, 1895.
CANTARELLI, LUIGI.
I μόθακες spartani. In Riv, vol. 18, pp. 465–483 (1890).
Osservazioni sul processo di Frine. In Riv, vol. 13, pp. 465–482 (1885).
CARCOPINO, JÉRÔME.
°Les cités de Sicile devant l'impôt romain, ager decumanus et ager censorius. In MAH, vol. 25, pp. 1–53 (1905).
Le gnomon de l'idiologue et son importance historique. (À la mémoire de Jean Lesquier.) In REA, vol. 24, pp. 101–117, 211–228 (1922).
Histoire de l'ostracisme athénien. In BFLP, vol. 25, pp. 83–266 (1909).
La loi de Hiéron et les Romains. Paris, 1914. Thèse, Paris.
CARDINALI, GIUSEPPE.
Il regno di Pergamo; ricerche di storia e di diritto pubblico. Rome, 1906. (Studi di storia antica, pub. da Giulio Beloch, fasc. 5.)
CARTAULT, A. G. C.
De causa Harpalica. Paris, 1881. Thèse, Paris.
CARUSSO, C. D.
Grundeigentum, flächensteuer, korinthennaturalsteuer und korinthenbank in Griechenland. In ZGS, vol. 56, pp. 159–178 (1900).
CASTELLI, GUGLIELMO.
I Παράφερνα nei papiri greco-egizi e nelle fonti romane. Milan, 1913.
Συνεστώς e συμπαρῶν. In SSP, vol. 1, pp. 50–56 (1915).
CAUVET, J.
De l'organisation judiciaire chez les Athéniens. In Revue de législation et de jurisprudence, vol. 20, pp. 129–175, 289–336 (1844).
CAVAIGNAC, EUGÈNE.
Le décret de Callias. Comment les Athéniens ont éteint leur

dette après le guerre archidamique. In Revue, n.s., vol. 24, pp. 135–142 (1900).

Études sur l'histoire financière d'Athènes. Le trésor d'Athènes de 480 à 404. Paris, 1908. (Bibliothèque des Écoles françaises d'Athènes et de Rome, fasc. 100.)

Le trésor sacré d'Éleusis. Versailles, 1908.

Sur les variations du cens des classes "Soloniennes." In Revue, n.s., vol. 32, pp. 36–47 (1908).

CHAPOT, VICTOR.
Servi: situations et fonctions des esclaves; Syndicus. In Dict.

CHAVANNES, F.
Épistatès; Ergolabos. In Dict.

CHRIST, J. K. F.
De publicis populi Atheniensis rationibus saeculo a. Ch. quinto et quarto (pars prior: Saeculum v). Greifswald, 1879. Inaug.-diss., Greifswald.

CHRISTENSEN, R.
°De iure et condicione sociorum Atheniensium quaestio historica. (In Opuscula philologica ad J. N. Madvigium . . . a discipulis missa, s. 1–20. Copenhagen, 1876.)

CICCOTTI, ETTORE.
°Atene republica di proletarii? In NRS, vol. 4, pp. 514–519 (1920).

La famiglia nel diritto attico. Turin, 1886.

Del numero degli schiavi nell' Attica. In RIL, ser. 2, vol. 30, pp. 655–673 (1897).

La retribuzione delle funzione pubbliche civili nell' antica Atene e le sue conseguenze. In RIL, ser. 2, vol. 30, pp. 1079–1108 (1897).

Il tramonto della schiavitù nel mondo antico. Un saggio. Turin, 1897.

CIPOLLA, CARLO.
See Ghione, Pietro.

CLERC, MICHEL.
De la condition des étrangers domiciliés dans les différentes cités grecques. In RUM, vol. 4, pp. 1–32, 153–180, 249–274 (1898).

Les métèques athéniens; étude sur la condition légale, la situation morale et le rôle sociale et économique des étrangers domiciliés à Athènes. Paris, 1893. (Bibliothèque des Écoles françaises d'Athènes et de Rome, fasc. 64.)

Métoikoi; Timouchoi. In Dict.

CLOCHÉ, PAUL.
L'affaire des Arginuses (406 avant J.-C.). In RH, vol. 130, pp. 5–68 (1919).

Le conseil athénien des cinq cents et la peine de mort. In REG, vol. 33, pp. 1–50 (1920).

Le conseil athénien des cinq-cents et les partis. In REG, vol. 35, pp. 269–295 (1922).

Le décret de 401/0 en l'honneur des métèques revenus de Phylé. In REG, vol. 30, pp. 384–408 (1917).

Le discours de Lysias contre Hippothersès. In REA, vol. 23, pp. 28–36 (1921).

L'importance des pouvoirs de la boulè athénienne aux v. et iv. siècles avant J.-C. In REG, vol. 34, pp. 233–265 (1921).

Les naopes de Delphes et la création du collège des tamiai. In BCH, vol. 44, pp. 312–327 (1920).

COBET, C. G.
Lex Solonis. In Mn., n.s., vol. 3, p. 290 (1875).

COLIN, GASTON.
Chronologie des archontes de Delphes et d'Athènes, entre 130 et 100 avant J. C. In BCH, vol. 21, p. 600 (1897).

Sénatus-consulte de l'année 112 avant J. C. Trouvé à Delphes. In BCH, vol. 21, pp. 583–585 (1897).

Les sept derniers chapitres de l' ’Αθηναίων Πολιτεία. (Organisation des tribunaux à Athènes dans la seconde moitié du iv. siècle.) In REG, vol. 30, pp. 20–87 (1917).

COLLIGNON, MAXINE.
Les collèges de "Neoi" dans les cités grecques. In AFLB, vol. 2, pp. 135–151 (1880).

Quid de collegiis epheborum apud Graecos, excepta Attica, ex titulis epigraphicis commentari liceat. Paris, 1877.

Matrimonium (I-Grèce). In Dict.

COLLINET, PAUL, AND JOUGUET, PIERRE.
Un procès plaidé devant le juridicus Alexandreae dans la seconde moitié du iv. siècle après J.-C. In AP, vol. 1, pp. 293–312 (1900–01).

CONRAD, JOHANNES.
Grundriss zum studium der politischen ökonomie. Neu aufl. bearb. von Albert Hesse und Hans Koeppe. Jena, 1923–24.

CONTOLÉON, A. E.
Inscriptions de la Grèce d'Europe. In REG, vol. 15, pp. 132–143 (1902).

CONZE.
See Hiller von Gaertringen, J. F. W., and Conze.

CORRADI, GIUSEPPI.
Gli ἀμφοδάρχαι a Pergamo. In BFC, vol. 29, pp. 65–67 (1921/22).

Sugli astinomi pergameni. In BFC, vol. 28, pp. 112–116 (1921/22).

CORSINI, EDUARDO.
Fasti attici. Florence, 1744–56.

CORWIN, E. E.
American and Greek jurisprudence compared. In OLR, vol. 10, pp. 57–68 (1912–13).

American and Greek jurisprudence compared. In CaC, vol. 20, pp. 117–119 (1913/14).

COSTA, EMILIO.
I contratti di lavoro nei papiri greco egizi. In BIS, ser. 1, vol. 6, pp. 63–76 (1912).

°Die kinder bei ehescheidungen. In SR, vol. 2, pp. 257–260 (1914).

Nuove osservazioni sopra le locazioni greco-egizie di fondi rustici. In BIS, ser. 1, vol. 7, pp. 2–13 (1913).

COURIER, P. L.
Du commandement de la cavalerie et de l'équitation, deux livres de Xénophon traduits par un officier à cheval. Paris [1813].

COUSIN, G., AND DIEHL, C.
Inscriptions de Mylasa. In BCH, vol. 12, pp. 8–37 (1888).

COUSIN, G., AND DUERRBACH, F.
Inscriptions de Lemnos. In BCH, vol. 9, pp. 45–64 (1885).

COUVE, L.
Klaria, III. In Dict.

COUVE, L., AND BOURGUET, ÉMILE.
Inscriptions inédites du mur polygonal de Delphes. In BCH, vol. 17, pp. 343–409 (1893).

CRAGIUS, NICOLAUS.
De republica Lacedaemoniorum. (In Gronovius, Jacobus. Thesaurus Graecarum antiquitatem, vol. 5, pp. 2497–2675. Leyden, 1697–1702.)

CROISET, ALFRED.
L'affranchissement des esclaves pour faits de guerre. (In Mélanges Henri Weil. Paris, 1898.)
La scène judiciaire représentée sur le bouclier d'Achille. In REG, vol. 32, pp. 96–99 (1919).

CROME, CARL.
Commentatio de peregrinorum apud Lacedaemonios loco ac dignitate. Pr., Düsseldorf, 1843.
De undecimviris Atheniensium. Pr., Düsseldorf, 1828.

CUCHEVAL, VICTOR.
Étude sur les tribunaux athéniens, et les plaidoyers civils de Démosthène. Paris, 1863. Thèse, Paris.

CUMONT, FRANZ.
  Le plus ancien parchemin grec. In Revue, n.s., vol. 48, pp. 97–111 (1924).
CUQ, ÉDOUARD.
  Un nouveau document sur l'ἀποκήρυξις. Paris, 1913.
  Hypotheca, I–VII (Droit grec). In Dict.
CURTIUS, CARL.
  Inschriften und studien zur geschichte von Samos. Lübeck, 1877.
  Jahresbericht über die griechische epigraphik für 1876 und 1877. In Bu, vol. 15, pp. 1–94 (1878).
CURTIUS, ERNST.
  Anecdota delphica. Berlin, 1843.
  Die Griechen in der diaspora. In SPA, 1882, pp. 943–957. (Also in his Gesammelte abhandlungen, bd. 1, s. 163–180. Berlin, 1894.)
  Der synoikismos von Elis. In SPA, 1895, pp. 793–806.
  Ueber den übergang des königthums in die republik bei den Athenern. In MPA, 1873, pp. 284–293. (Also in his Gesammelte abhandlungen, bd. 1, s. 391–400. Berlin, 1894.)
  Ueber die neu entdeckten delphischen inschriften. In GN, 1864, pp. 135–179. (Reprinted in abridged form under title, Ueber delphische mauerinschriften als quelle des griechischen privatrechts, in his Gesammelte abhandlungen, bd. 2, s. 393–417. Berlin, 1894.)
  Ueber die märkte hellenischer städte. In AZ, vol. 6, pp. 292–296 (1848). (Also in his Gesammelte abhandlungen, under title, Zur geschichte der griechischen stadt-märkte, bd. 1, s. 148–153. Berlin, 1894.)
  Zur geschichte des wegebaus bei den Griechen. In APA, 1854, pp. 211–303. (Also in his Gesammelte abhandlungen, bd. 1, s. 1–116. Berlin, 1894.)
CZUPRAK.
  °Elek, a neveles es oktasas az o-goergogoknel. (Erziehung und unterricht bei den alten Griechen.) Pr., Kaposvaer, 1882?

DAHMS, RUDOLPH.
De Atheniensium sociorum tributis quaestiones septem. Berlin, 1904. Inaug.-diss., Berlin.
Studia Demosthenica. Pr., Berlin, 1866.

DAREMBURG, C. V., AND SAGLIO, EDMOND.
Table analytique des matières: I. Institutions grecques; III. Droit grec. In Dict.

DARESTE, RODOLPHE.
Le ΧΡΕΩΦΥΛΑΚΙΟΝ dans les villes grecques. In BCH, vol. 6, pp. 241–245 (1882.)
La δίκη ἐξούλης en droit attique. In Revue, n.s., vol. 30, pp. 101–104 (1906).
Le droit criminel athénien. In AEG, vol. 12, pp. 29–47 (1878).
Du droit des représailles principalement chez les anciens Grecs. In REG, vol. 2, pp. 305–321 (1889).
Du prêt à la grosse chez les Athéniens, études sur les quatre plaidoyers attribués à Démosthène contre Zénothémis, Phormion, Lacrite et Dionysodore. Paris, 1867.
Esquisse du droit criminel athénien. In JS, 1878, pp. 625–639.
Études sur le traité des lois de Théophraste. In RLAM, 1870/71, pp. 262–294.
Explication d'une inscription hypothécaire — découverte à Spata. In BCH, vol. 2, pp. 485–489 (1878).
Les inscriptions hypothécaires en Grèce. In NRHD, vol. 9, pp. 1–14 (1885).
La législation criminelle des Athéniens. In ASMP, vol. 111, pp. 279–297 (1879).
La Lex Rhodia. In Revue, n.s., vol. 29, pp. 1–29 (1905).
La loi de Gortyne. In NRHD, vol. 10, pp. 241–275 (1886).
Une loi éphésienne du premier siècle avant notre ère. In NRHD, vol. 1, pp. 161–173 (1877).
Mémoire sur les entreprises de travaux publics chez les Grecs. In AEG, vol. 11, pp. 107–117 (1877).

DARESTE, RODOLPHE.
  Mémoire sur une ancienne loi éphésienne. In ASMP, vol. 108, pp. 703–718 (1877).
  Notes sur l'hypothèque en droit grec. In NRHD, vol. 32, pp. 639–649 (1908).
  Un nouveau fragment des lois de Solon. In Revue, n.s., vol. 15, p. 97 (1891).
  Nouvelles études d'histoire du droit. Ser. 2–3. Paris, 1902–1906.
  Les papyrus gréco-égyptiens. In JS, 1883, pp. 163–173.
  Plaidoyers civils de Démosthène, traduit en français avec arguments et notes. Paris, 1875.
  Plaidoyers politiques de Démosthène, traduit en français avec arguments et notes. Paris, 1879.
  La science du droit en Grèce; Plato, Aristote, Théophraste. Paris, 1893.
  Sur la συγγραφή en droit grec et en droit romain. In BCH, vol. 8, pp. 362–376 (1884).
  Sur une inscription de Cnide. In BCH, vol. 4, pp. 341–345 (1880).
  Les testaments des philosophes grecs. In AEG, vol. 16, pp. 1–21 (1882).
  La transcription des ventes, en droit hellénique, d'après les monuments épigraphiques récemment découverts. In NRHD, vol. 8, pp. 373–394 (1884).

DARESTE, RODOLPHE, HAUSSOULLIER, BERNARD, AND REINACH, THÉODORE.
  Recueil des inscriptions juridiques grecques. Texte, traduction, commentaire. Ser. 1–2. Paris, 1895–1904.

DEBRUNNER, ALBERT.
  Zum gesetz von Gortyn. In RM, ser. 3, vol. 73, pp. 362–366 (1924).

DECKER, JOSUÉ DE.
  °Sur le genèse de l'organisation civique des Spartiates. In Arch., vol. 30, 1913.

DEITERS, P. K. E.
De Cretensium titulis publicis quaestiones epigraphicae. Jena, 1904. Inaug.-diss., Bonn.

DELAMARRE, J.
Les contrats de prêt d'Amorgos. Notes historiques et critiques. In Revue, n.s., vol. 28, pp. 81–102 (1904).

DELISLE, LE BASTARD.
Aperçu de la justice chez les Grecs. Caen, 1845.

DEMISCH, EDWIN.
Die schuldenerbfolge im attischen recht. Borna-Leipzig, 1910. Inaug.-diss., Munich.

DEMOULIN, HUBERT.
Liste inédite de magistrats de Ténos. In MB, vol. 7, pp. 37–40 (1903).

DENEKEN, FRIEDRICH.
De Theoxeniis. Berlin, 1881. Inaug.-diss., Bonn.

DESJARDINS, ALBERT.
Mémoire sur la condition de la femme dans le droit civil des Athéniens. (In France. Comité des travaux historiques et scientifiques. Mémoires lus à la Sorbonne dans les séances extraordinaires du Comité impérial des travaux historiques et des sociétés des savantes. Histoire, philologie, et sciences morales, vol. 8, pp. 595–622 (1865).

Les plaidoyers de Démosthène. Paris, 1862.

DEUBNER, LUDWIG.
'Επαύλια. In JDAI, vol. 15, pp. 144–154 (1900).

DIEHL, C.
See Cousin, G., and Diehl, C.

DIELS, H.
Zu Hypereides gegen Athenogenes. In SPA, 1889, pp. 663–666.

DIESTERWEG, G. W. H.
De jure coloniarium graecarum. Berlin, 1865. Inaug.-diss., Berlin.

DIETRICH, ALBERT.
Commentatio de Clisthene Atheniensi deque iis, quae ille in republica instituit particula. Halle, 1840. Diss., Halle.

DIRICHLET, G. L. G. LEJEUNE- .
De equitibus atticis. Königsberg, 1822. Inaug.-diss., Königsberg.

DISSEN, G. L.
De νόμοις ἀγράφοις. Index scholarum, Göttingen, 1837/38. (Also in his Kleine schriften, s. 161–170. Göttingen, 1839.)

DITTENBERGER, WILHELM.
Antiphons Tetralogien und das attische criminalrecht. In Herm., vol. 31, pp. 271–277 (1896); vol. 32, pp. 1–40 (1897).

Commentatio de inscriptione Thisbensi ad emphyteuseos jus spectante. Halle, 1892. (Index scholarum, Halle, 1891/92.)

De ephebis atticis. Göttingen, 1863. Inaug.-diss., Göttingen.

Die eleusinischen keryken. In Herm., vol. 20, pp. 1–40 (1885).

Ueber den vermögenstausch und die Trierarchie des Demosthenes. Rudolstadt, 1872.

Zu Antiphons Tetralogien. In Herm., vol. 40, pp. 450–470 (1905).

DITTMAR, ARMINUS.
De Atheniensium more exteros coronis publice ornandi. In LSt, vol. 13, pp. 63–240 (1890).

DOERMER, WILHELM.
De Graecorum sacrificulis qui ἱεροποιοί dicunter. In Dissertationes philologicae Argentoratenses, vol. 8, pp. 1–75 (1883).

DONDORFF, H.
Aphorismen zur beurtheilung der solonischen verfassung. (In Symbolae Joachimicae, tl. 1, s. 101–118. Berlin, 1880.)

DORIGNY, A. SORLIN.
Téménos. In Dict.

DRACHMANN, A. B.
Cantarelli, Luigi. I motaci spartani. (Review.) In Wo, vol. 8, pp. 597–599 (1891).

DRERUP, ENGELBERT.
Ein antikes vereinsstatut. In NJKlA, vol. 3, pp. 356–370 (1899).
De Isocratis orationibus iudicialibus quaestiones selectae. In NJ, suppl., vol. 22, pp. 335–371 (1896).
Ueber die bei den attischen redern eingelegten urkunden. In NJ, suppl., vol. 24, pp. 221–366 (1898).
Zu den publicationskosten der attischen volksbeschlüsse. In NJ, vol. 155, pp. 871–873 (1897).
Zum recht von Gortyn. In Philol., vol. 63, pp. 475–477 (1904).

DROEGE, KARL.
De Lycurgo Atheniensi. Minden, 1880. Diss., Bonn.

DROYSEN, J. G.
Bemerkungen über die attischen strategen. In Herm., vol. 9, pp. 1–21 (1875).
Zu Aristoteles 'Αθηναίων Πολιτεία. Pr., Berlin, 1891.
Zum münzwesen Athens. In SPA, 1882, pp. 1193–1222.

DRUFFEL, ERNST VON.
Papyrologische studien zum byzantinischen urkundenwesen im anschluss an P. Heidelberg 311. Munich, 1915. (MBP, hft. 1.)
Zucker, Friedrich. Beiträge zur kenntnis der gerichtsorganisation im ptolemäischen und römischen Aegypten. (Review.) In KVGR, vol. 50, pp. 521–549 (1912).

DRUMANN, W. K. A.
Die arbeiter und die communisten in Griechenland und Rom. Königsberg, 1860.

DUBOIS, ERNEST.
Droit attique et histoire comparée des législations (succession, saisine, gentilité, etc.). In NRHD, vol. 5, pp. 129–144 (1881).

Dubois, Marcel.
　Les ligues étolienne et achéenne. Paris, 1884. (Bibliothèque des Écoles françaises d'Athènes et de Rome, fasc. 40.)
　See also Hauvette-Besnault, Amédée, and Dubois, Marcel.

Duemmler, Ferdinand.
　Die 'Αθηναίων Πολιτεία des Kritias. In Herm., vol. 27, pp. 260–286 (1892).

Duerrbach, F.
　Gymnésioi. In Dict.

Duerrbach, F., and Jardé, August.
　Fouilles de Délos; exécutées aux frais de M. le Duc de Loubat (1903). Inscriptions. — I. Décrets du conseil et du peuple de Délos. In BCH, vol. 28, pp. 265–307 (1904).

Duerrbach, F., and Radet, G. A.
　Inscriptions de la Pérée rhodienne. In BCH, vol. 10, pp. 245–269 (1886).
　See also Cousin, G., and Duerrbach, F.

Dugit, Ernest.
　Étude sur l'Aréopage athénien. Paris, 1867. Thèse, Paris.

Dum, G.
　Entstehung und entwicklung des spartanischen ephorats bis zur beseitigung desselben durch König Kleomenes III. Innsbruck, 1878.

Dumont, Albert.
　De plumbeis apud Graecos tesseris. Paris, 1870. Thèse, Paris.
　Essai sur la chronologie des archontes athéniens postérieurs à la cxxii^e Olympiade et sur la succession des magistrats éphébèques. Paris, 1870. Thèse, Paris.
　Essai sur l'éphébie attique. Paris, 1875–76.

Duncker, Max.
　Ein angebliches gesetz des Perikles. In SPA, 1883, pp. 935–948.

Dupuis, J.
　Note sur le serment des Pythagoriciens. In REG, vol. 7, pp. 146–150 (1894).

Dŭsánek, Fr.
　'Η μερὶς ἡ ἐξ 'Αρείου πάγου (Deinarch .I, 56). Pr., Chrudim, 1895.

Dziatzko, K. F. O.
　Untersuchungen über ausgewählte kapitel des antiken buchwesens mit text, übersetzung und erklärung von Plinius, nat. hist., xiii, 68–89. Leipzig, 1900. (Documents and account books.)

Ebert, J. F.
　Σικελίων sive commentariorum de Siciliae veteris geographia, historia, mythologia, lingua antiquitatibus sylloge. Halle, 1830.

Eberz, J. O.
　Platons gesetze und die sicilische reform. In AGPh, vol. 25, pp. 162–174 (1911).

Eckhel, Joseph.
　Doctrina numorum veterum. Pars I, vol. 1–4. De numis urbium, populorum, regum. Vienna, 1792–1828. (Vols. 2–4, 2d ed.)

Egger, Emile.
　Études historiques sur les traités publics chez les Grecs et chez les Romains. 2. éd. Paris, 1866.
　Mémoires d'histoire ancienne et de philologie. Paris, 1863.
　Mémoires historiques sur les traités publics dans l'antiquité depuis les temps héroiques de la Grèce jusqu'aux premiers siècles de l'ére chrétienne. In AIB, ser. 2, vol. 24, pp. 1–138 (1861).
　Si les Athéniens ont connu la profession d'avocat. (In his Mémoires de littérature ancienne, pp. 355–388. Paris, 1862.)

Ehrenberg, Victor.
　Die rechtsidee im frühen Griechentum. Untersuchungen zur geschichte der werdenden polis. Leipzig, 1921.

EHRMANN, PHILIP.
De iuris sacri interpretibus atticis. Pars prior. Naumburg, 1908. In Rel, vol. 4, no. 3 (1908). Diss., Giessen.

EICHHOFF, KARL.
Ueber die blutrache bei den Griechen. Pr., Duisburg, 1872?

ELTER, ANTON.
Ein athenisches gesetz über die eleusinische aparche. Pr., Bonn, 1914.

EMMINGER, KURT.
Bericht über die literatur zu den attischen redern aus den jahren 1886–1904. In Bu, vol. 133, pp. 1–103 (1907); vol. 152, pp. 76–217 (1911).

ENGERS, MAURITIUS.
Der Aegyptiarum κωμῶν administratione qualis fuerit aetate Lagidarum. Groningen, 1909. Inaug.-diss., Groningen.

ERDMANN, MARTIN.
Zur kunde der hellenistischen städtegründungen. Pr., Strassburg, 1883.

ES, A. H. G. P. VAN DEN.
De iure familiarum apud Athenienses libros tres. Leyden, 1864.

ESCHBACH, L. P. A.
Introduction générale à l'étude du droit. 3. éd. Paris, 1856.

EULER, KARL.
De locatione, conductione atque emphyteusi Graecorum. Giessen, 1882. Inaug.-diss., Leipzig.

FABRICIUS, ERNST.
Der baukontrakt aus Delos CIG. 2266. In Herm., vol. 17, pp. 1–23 (1882).

De architectura graeca commentationes epigraphicae. Berlin, 1881. (Building contracts.)

Inschriften aus Lesbos. In MAI, vol. 9, pp. 83–94 (1884).

Die skeuothek des Philon, das zeughaus der attischen marine in Zea. In Herm., vol. 17, pp. 551–594 (1882).

Das wahlgesetz des Aristeides. In RM, ser. 3, vol. 51, pp. 456–462 (1896).

See also Fraenkel, Max, Fabricius, Ernst, and Schuchhardt, Carl.

FEIST, R., PARTSCH, J., PRINGSHEIM, F., AND SCHWARTZ, E.
Zu den ptolemäischen prozessurkunden. In AP, vol. 6, pp. 348–360 (1913–20).

FELLNER, THOMAS.
Zur chronologie und pragmatik des Hermokopiden-processes. In WSt, vol. 1, pp. 169–182 (1879).
Zur geschichte der attischen finanzverwaltung im 5. und 4. jahrhundert. In SAW, vol. 95, pp. 383–444 (1879).

FERGUSON, W. S.
The Athenian archons of the third and second centuries before Christ. In CSCP, no. 10, 1899.
The Athenian phratries. In CP, vol. 5, pp. 257–284 (1910).
The Athenian secretaries. In CSCP, no. 7, 1898.
The Athenian secretaries. A confirmation. In AJP, vol. 19, pp. 314–315 (1898).
Hellenistic Athens. London, 1911.
The laws of Demetrius of Phalerum and their guardians. In Klio, vol. 11, pp. 265–276 (1911).
Notes on the Athenian secretaries and archons. In APAT, vol. 30, pp. 107–114 (1899).
Researches in Athenian and Delian documents. In Klio, vol. 7, pp. 213–240 (1907); vol. 8, pp. 338–355 (1908); vol. 9, pp. 304–340 (1909).

FERRABINO, ALDO.
Il problema dell' unità nazionale nella Grecia antica. I. Arato di Sicione e l'idea nazionale. Firenze, 1921. (Contributi alla scienza dell' antichità pubblicati da G. de Sanctis e L. Pareti, to. 4.)

FILOMUSI-GUELFI, FRANCESCO.
La dottrina dello stato nell' antichità Greca nei suoi rapporti con l'etica. Naples, 1873.

FILON, C. A. D.
  Histoire de la démocratie athénienne. Paris, 1854.

FINSLER, GEORG.
  Das homerische königtum. In NJKlA, vol. 17, pp. 313–336, 393–412 (1906).

FISCHER, RICHARD.
  Quaestionum de praetoribus atticis saeculi quinti et quarti a Ch. n. specimen. Königsberg, 1881. Diss., Königsberg.

FLEISCHANDERL, BR.
  Die spartanische verfassung bei Xenophon. Leipzig, 1888.

FOERSTER, P. E. P.
  De asylis Graecorum. Breslau, 1847. Inaug.-diss., Breslau.

FOERSTER, RICHARD.
  Antiquarisches. Κληροῦν und πληροῦν τὰ δικαστήρια. In RM, ser. 3, vol. 30, pp. 284–288 (1875).

  Die hochzeit des Zeus und der Hera. Pr., Breslau, 1867.

FORCHHAMMER, P. W.
  De Areopago non privato per Ephialtem homicidii iudiciis contra Boeckhium disputatio. Kiel, 1828.

  Die Epheten und der Areopag. In Philol., vol. 34, pp. 465–473 (1876).

  De lapidibus in Areopago quibus insistebant reus et accusator. Pr., Kiel, 1843.

FOUCART, GEORGE.
  De libertorum conditione apud Athenienses. Paris, 1896. Thèse, Paris.

FOUCART, PAUL.
  L'accusation contre Phryné. In Revue, n.s., vol. 26, pp. 216–218 (1902).

  L'arsénal de Philon. In BCH, vol. 6, pp. 540–555 (1882).

  De collegiis scenicorum artificum apud Graecos. Paris, 1873. Thèse, Paris.

  Décret athénien de l'année 352, trouvé à Éleusis. In BCH, vol. 13, pp. 433–467 (1889).

Un décret athénien relatif aux combattants de Phylé. In AIB, ser. 2, vol. 42, pp. 323-355 (1922).

Des associations religieuses chez les Grecs, Thiases, Eranes, Orgeons. Paris, 1873.

Les grands mystères d'Éleusis, personnels — cérémonies. In AIB, ser. 2, vol. 37, pp. 1-155 (1904).

Inscriptions de la Carie. In BCH, vol. 14, pp. 363-376 (1890).

Inscriptions d'Orchomène. In BCH, vol. 3, pp. 452-465 (1879).

Une loi athénienne du iv. siècle. In JS, 1902, pp. 177-193, 233-245.

Mémoire sur l'affranchissement des esclaves, par forme de vente à divinité, d'après les inscriptions de Delphes. Paris, 1867.

Mémoire sur les colonies athéniennes au v. et au iv. siècles. In AIBS, ser. 1, vol. 9, pp. 323-413 (1878).

Mémoire sur un décret inédit de la ligue arcadienne en l'honneur de l'Athénien Phylarchos. In ΛIBS, ser. 1, vol. 8, pp. 93-119 (1874).

Les mystères d'Éleusis. Paris, 1914.

Στρατηγός ὕπατος, στρατηγός ἀνθύπατος. In Revue, n.s., vol. 23, pp. 254-269 (1899).

Sur l'authenticité de la loi d'Évégoros. In Revue, n.s., vol. 1, pp. 168-181 (1877).

Traité d'alliance de l'année 362. In RA, ser. 3, vol. 33, pp. 313-327 (1898).

Apéleuthéroi, V; Bidéos; Épidamia; Patronomoi. In Dict.

FOUGÈRES, GUSTAVE.

De Lyciorum communi (Λυκίων τὸ κοινόν). Paris, 1898. Thèse, Paris.

Fouilles au gymnase de Délos. Plan général de l'édifice — description de ses différentes parties. In BCH, vol. 15, pp. 238-288 (1891).

FOWLER, H. N.
　The Μαστροὶ at Rhodes. In AJP, vol. 6, pp. 472–475 (1885).

FRAENKEL, ARTHUR.
　De condicione iure, iurisdictione sociorum Atheniensium. Rostock, 1878. Inaug.-diss., Leipzig.

FRAENKEL, MAX.
　Die antidosis. In Herm., vol. 18, pp. 442–465 (1883).
　Der attische heliasteneid. In Herm., vol. 13, pp. 452–466 (1878).
　Die attischen geschworenengerichte. Ein beitrag zum attischen staatsrecht. Berlin, 1877.
　Der begriff des τίμημα im attischen steuersystem. In Herm., vol. 18, pp. 314–318 (1883).
　Zur geschichte der attischen finanzverwaltung. (In Historische und philologische aufsätze für Ernst Curtius, s. 35–49. Berlin, 1884.)

FRAENKEL, MAX, FABRICIUS, ERNST, AND SCHUCHHARDT, CARL.
　Inschriften von Pergamon. Berlin, 1890–95. (K. Museen zu Berlin. Sonderausgabe aus den altertümern von Pergamon, bd. 8, abt. 1–2.)

FRANCISCI, PIETRO DE.
　Βιβλίον e βιβλίδιον. In SSP, vol. 1, pp. 45–47 (1915).
　La papirologia nel sistema degli studî di storia giuridica; prolusione ai corsi di papirologia giuridica per l'anno 1919–20 (R. Università di Roma). Milan, 1920.

FRANCKE, HEINRICH.
　Der boeotische bund. Wismar, 1843.

FRANCKEN, C. M.
　Commentationes Lysiacae. Utrecht, 1865.

FRANCOTTE, HENRI.
　L'administration financière des cités grecques. In MAB, vol. 63, no. 4 (1903).
　L'antidosis en droit athénien. In MAB, vol. 51, no. 5 (1895).

Le conseil et l'assemblée générale chez les Achéens. In MB, vol. 10, pp. 4–20 (1906).

De la condition des étrangers dans les cités grecques. Proxènes, évergètes, métèques, isotèles, et étrangers résidents. In MB, vol. 7, pp. 350–388 (1903).

De la législation athénienne sur les distinctions honorifiques et spécialement des décrets des clérouchies athéniennes relatifs à cet objet. In MB, vol. 3, pp. 246–281 (1899); vol. 4, pp. 55–75, 105–123 (1900).

Étude sur le système des impôts dans les cités et les royaumes grecs. Phoros, eisphora, syntaxis. In MB, vol. 11, pp. 53–81 (1907).

Formation des villes, des états, des confédérations et des ligues dans la Grèce ancienne. In BAB, 1901, pp. 949–1012.

L'industrie dans la Grèce ancienne. Brussels, 1900–01. (In BFLL, fasc. 7–8.)

Loi et décret dans le droit public des Grecs. In MB, vol. 8, pp. 329–338 (1904).

Mélanges de droit public grec. Liége, 1910. (In BFLL, série grand, fasc. 4.)

L'organisation de la cité athénienne et la réforme de Clisthènes. In MAB, vol. 47, no. 9 (1892).

L'organisation des cités à Rhodes et en Carie. In MB, vol. 10, pp. 127–159 (1906).

Les ostraka grecs d'Égypte et de Nubie. In MB, vol. 5, pp. 31–45 (1901).

Études sur Démosthène. In MB, vol. 17, pp. 69–90, 237–288 (1913).

FRANCOTTE, HENRI, ROERSCH, ALPHONSE, AND SENCIE, JOSEPH.
Bulletin d'épigraphie et d'institutions grecques, 1897–98. In MB, vol. 3, pp. 166–176, 304–326 (1899), vol. 4, pp. 126–146 (1900).

FRANK, TENNEY.
Representative government in the ancient polities. In CJ, vol. 14, pp. 533–549 (1918/19).

FRANKE, FRIDERICUS.
  Lectiones Aeschineae. In Philol. suppl., vol. 1, pp. 427–476 (1860).

FRANKLIN, S. B.
  Public appropriations for individual offerings and sacrifices in Greece. In APAT, vol. 32, pp. 72–82 (1901).

FRAZER, J. G.
  The magical origin of kings. London, 1920.

FRERET, ——.
  Recherches sur l'ancienneté et l'origine de l'art de l'équitation dans la Grèce. In AIB, vol. 7, pp. 286–335 (1733).

FRESE, BENEDIKT.
  Aus dem gräko-ägyptischen rechtsleben. Eine papyrologische studie. Halle, 1909.
  Otcherki greko-egipyetskago Prava. (Russian.) Iaroslaw, 1912.
  Zur lehre vom gräko-ägyptischen kauf. In ZVR, vol. 30, pp. 129–145 (1913).

FREUNDT, CARL.
  Wertpapiere im antiken und frühmittelalterlichen rechte. Leipzig, 1910.

FRICK, CARL.
  De ephoris spartanis. Göttingen, 1872. Inaug.-diss., Göttingen.

FRICKENHAUS, A. H.
  Athens mauern im 4. jahrhundert von Chr. Bonn, 1905. Inaug.-diss., Bonn.

FRITZSCHE, F. V.
  Commentatio de mercede judicum apud Athenienses. Pr., Rostock, 1839.
  De sortitione judicum apud Athenienses commentatio. Leipzig, 1835.

FROELICH, ——.
  Ueber die colonien der Griechen. Pr., Neisse, 1834.

FROHBERGER, HERMANN.
De opificum apud veteres Graecos conditione. Pr., Grimma, 1866.

FUHR, KARL.
Animadversiones in oratores atticos. Bonn, 1877. Diss., Bonn.

FUSTEL DE COULANGES, N. D.
La Cité antique; étude sur le culte, le droit, les institutions de la Grèce et de Rome. 22. éd. Paris, 1912.
Recherches sur le droit de propriété chez les Grecs. I. Les origines du droit de propriété chez les Grecs. II. Étude sur la propriété à Sparte. III. Les transformations du régime de la propriété foncière à Athènes. (In his Nouvelles recherches sur quelques problèmes d'histoire. Paris, 1891.)
Recherches sur le tirage au sort appliqué à la nomination des archontes athéniens. In NRHD, vol. 2, pp. 613-643 (1878). (Also in his Nouvelles recherches sur quelques problèmes d'histoire. Paris, 1891.)
Attica respublica; Lacedaemoniorum respublica. In Dict.

GABRIEL, H. S.
De magistratibus Lacedaemoniorum. Berlin [1845]. Inaug.-diss., Berlin.

GACHON, J. F. P.
De ephoris spartanis. Montpellier, 1888. Thèse, Paris.

GALLE, P. L.
Beiträge zur erklärung der xvii. rede (Trapezitikos) des Isokrates und zur frage ihrer echtheit. Pr., Zittau, 1896.
De Isocratis oratione Trapezitica. Dresden, 1883. Inaug.-diss., Leipzig.

GANS, EDUARD.
Das erbrecht in weltgeschichtlicher entwickelung. Berlin, 1824-35.

GANTZER, P. T. C. L.
Verfassungs- und gesetzrevision in Athen vom jahre 411 bis

auf das archontat des Eukleides. Halle, 1894. Inaug.-diss., Halle.

GARDIKAS, K. G.
  °ʽΗ γυνὴ ἐν τῷ ʽΕλληνικῷ πολιτισμῷ. Α. ʽΗ ʽΕλληνὶς ἐν τῇ ʽΟμερικῇ ἐποχῇ. In Athena, vol. 14, pp. 387–492 (1903?).
  L'homicide chez les anciens Hellènes et notamment chez les Attiques. Geneva, 1918. Thèse, Geneva.
  Τὸ παρὰ τοῖς ἀρχαίοις ῞Ελλησι καὶ μάλιστα τοῖς 'Αττικοῖς ποινικὸν καὶ ἰδίᾳ τὸ φονικὸν δίκαιον. Athens, 1918.
  Τὸ ποινικὸν καὶ ἰδίᾳ τὸ φονικὸν δίκαιον παρ' ʽΟμήρῳ. In Athena, vol. 30, pp. 209–342 (1919).

GARDNER, PERCY.
  The financial history of ancient Chios. In JHSt, vol. 40, pp. 160–173 (1920).

GARDNER, PERCY, AND JEVONS, F. B.
  Manual of Greek antiquities. 2d ed. London, 1897.

GAROFALO, F. P.
  Sul plebiscitum Atinium; Lex 8. Catania, 1896.

GAUTIER, ALFRED.
  Étude sur le crime d'incendie. Geneva, 1884. Thèse, Geneva.

GEDOYN, L'ABBÉ.
  Recherches sur les courses de chevaux et les courses de chars aux jeux olympiques. In AIB, vol. 9, pp. 360–375 (1736).

GEFFCKEN, JOHANNES.
  Die 'Ασέβεια des Anaxagoras. In Herm., vol. 42, pp. 127–133 (1907).

GENTILLI, GUIDO.
  Dagli antichi contratti d'affitto. In SI, vol. 13, pp. 269–378 (1905).

GERHARD, G. A.
  °Ein gräko-ägyptischer erbstreit aus dem 2. jahrhundert vor Chr. In SHA, 1911, no. 8.

GERHARD, G. A., AND GRADENWITZ, OTTO.
Ein neuer juristischer papyrus der Heidelberger Universitätsbibliothek. In NHJ, vol. 12, pp. 141–183 (1903).
'Ωνὴ ἐν πίστει. In Philol., vol. 63, pp. 498–583 (1904).

GERNET, LOUIS.
L'approvisionnement d'Athènes en blé au v. et iv. siècles. In BFLP, vol. 25, pp. 268–391 (1909).
Bastid, Paul. L'hypothèque grecque et sa signification historique. (Review.) In REG, vol. 33, pp. 97–100 (1920).
La création du testament. In REG, vol. 33, pp. 123–168, 249–290 (1920).
Une étude sur le mot ἐγγύη dans Homère. In REG, vol. 23, p. 375 (1910).
Hypothèses sur le contrat primitif en Grèce. In REG, vol. 30, pp. 249–293, 363–383 (1917).
Note sur les parents de Démosthène. In REG, vol. 31, pp. 185–196 (1918).
Observations sur la loi de Gortyne. In REG, vol. 29, pp. 383–403 (1916).
Platon Lois, livre ix, traduction et commentaire. Paris, 1917. Thèse, Paris.
Recherches sur le développement de la pensée juridique et morale en Grèce. Étude sémantique. Paris, 1917. Thèse, Paris.
Sur l'épiclérat. In REG, vol. 34, pp. 337–379 (1921).

GHIONE, PIETRO.
I comuni del regno di Pergamo. (An address reviewed by Carlo Cipolla and Gaetano De Sanctis.) In AAT, vol. 39, pp. 1078–1080 (1903/04).

GIARRATANO, CESARE.
Commentationes Dracontianae. Naples, 1906.

GIDE, PAUL.
Étude sur la condition privée de la femme dans le droit ancien et moderne. Avec une notice biographique, des

additions et des notes par Adhémar Esmein. 2. éd. Paris, 1885.

Acharistias dikè; Aphormè; Apokèryxis; Apostasiou dikè; Aprosklètos dikè; Arra, I. Chez les Grecs; Blabès dikè. In Dict.

GIDE, PAUL, AND CAILLEMER, EXUPERÈ.
Adoptio, I. Chez les Grecs; Anadikia; Antigraphè; Aphairèsis eis éleuthérian; Argyriou dikè; Dikè. In Dict.

GILBERT, GUSTAV.
Die altattische komenverfassung. In NJ, suppl., vol. 7, pp. 191–246 (1873–1875)

Die attische naukrarienverfassung. In NJ, vol. 111, pp. 9–20 (1875).

Beiträge zur entwickelungsgeschichte des griechischen gerichtsverfahrens und des griechischen rechtes. In NJ, suppl., vol. 23, pp. 443–536 (1897).

Beiträge zur innern geschichte Athens, im zeitalter des peloponnesischen krieges. Leipzig, 1877.

Der beschluss der phratrie Δημοτιώνιδαι. In NJ, vol. 135, pp. 25–28 (1887).

Deliaca. Göttingen, 1869. Inaug.-diss., Göttingen.

Staat der Lakedaimonier und Athener. 2. aufl. Leipzig, 1893. (His Handbuch der griechischen staatsaltertümer, bd. 1.)

Studien zur altspartanischen geschichte. Göttingen, 1872.

GILLIARD, CHARLES.
Quelques réformes de Solon. Essai de critique historique. Lausanne, 1907. Thèse, Lausanne.

GINZROT, J. C.
Die wagen und fahrwerke der Griechen und Römer und anderer alten völker. Munich, 1817.

GIRARD, J. A.
Un procès de corruption chez les Athéniens. Démosthène dans l'affaire d'Harpale. Paris, 1862.

GIRARD, PAUL.
L'éducation athénienne au v. et au iv. siècle avant J.-C. 2. éd. Paris, 1891.
Quelques réflexions sur le sens du mot sycophante. In REG, vol. 20, pp. 143–163 (1907).
Un texte inédit sur la cryptie des Lacédémoniens. In REG, vol. 11, pp. 31–38 (1898).
Ephebi; Krypteia; Paidonomos. In Dict.

GIRARD, P. F.
Études Girard. Études d'histoire juridique offertes à P. F. Girard par ses élèves. Paris, 1914.

GIRAUD, CHARLES.
°Du droit de succession à Athènes. In Revue de legislation et de jurisprudence, vol. 16, pp. 97 ff. (1842).

GIRAUD-TEULON, ALEXIS.
Études sur les societés anciennes. La mère chez certains peuples de l'antiquité. Paris, 1867.
Origines du mariage et de la famille. Geneva, 1884.

GLEUE, HERMANN.
De homicidarum in Areopago Atheniensi judicio. Göttingen, 1894. Inaug.-diss., Göttingen.

GLOTZ, GUSTAV.
Le droit alexandrin. In JS, 1916, pp. 21–32.
L'épistate des proèdres. In REG, vol. 34, pp. 1–19 (1921).
L'étude du droit grec. In RP, vol. 12, pp. 548–562 (1905).
Études sociales et juridiques sur l'antiquité grecque. Paris, 1906.
Les naucrares et les prytanes des naucrares dans la cité homérique. In REG, vol. 13, pp. 137–157 (1900).
L'ordalie dans la Grèce primitive. Étude de droit et de mythologie. Paris, 1904.
La solidarité de la famille dans le droit criminel en Grèce. Paris, 1904. Thèse, Paris.
Ekklèsia; Épimélètai; Expositio-Grèce; Gymnasiarchia; Hellanodikai; Incendium (Grèce); Incestum (Grèce); In-

fanticidium (Grèce); Jusjurandum (Grèce); Kakègorias dikè; Kakogamion; Kakôseôs graphè; Katapontismos; Kataskopè; Klopè; Kôneion; Lapidatio (Grèce); Paragraphè; Paranomôn graphè; Périoikoi; Poena (Grèce); Pôlètai; Proagôgeias graphè; Probolè; Proklèsis; Sortitio (Grèce); Thesmothètai; Thètés. In Dict.

GNAEDINGER, CLEMENS.
De Graecorum magistratibus eponymis quaestiones epigraphicae selectae. Strassburg, 1892. Inaug.-diss., Strassburg.

GNEIST, H. R.
Die formellen verträge des neueren römischen obligationenrechts in vergleichung mit den geschäftsformen des griechischen rechts. Berlin, 1845.

GOETTE, WILHELM.
Ueber den ursprung der todesstrafe. Leipzig, 1839.

GOETTLIN, K. W.
Ueber die vier lykurgischen rhetren. In BSGW, 1846, pp. 136–158. (Also in his Gesammelte abhandlungen aus dem classischen alterthume, bd. 1, s. 317–351. Halle, 1851–63.)

GOETZ, GEORG.
De temporibus ecclesiazuson Aristophanis commentatio. Leipzig, 1874. Inaug.-diss., Leipzig. (Organization of courts.)

GOETZ, WILHELM.
Der hermokopidenprocesz. In NJ, suppl., vol. 8, pp. 535–581 (1875–76).

Legum Platonis de iure capitali praecepta cum iure attico comparantur. Darmstadt, 1920. Inaug.-diss., Giessen.

Die verkehrswege im dienste des welthandels. Stuttgart, 1888.

GOGUEL, ÉDOUARD.
Le commerce d'Athènes après les guerres médiques. Strassburg, 1866.

GOLDBACHER, ALOIS.
Der Hellenismus in Rom zur zeit der Scipionem und seine gegner. Inaug.-rede, Graz, 1891.

GOLDSCHMIDT, LEVIN.
Inhaber, order und executorische urkunden im classischen alterthum. In ZSR, vol. 10, pp. 352–396 (1889).
Universalgeschichte des handelsrechts. 3. aufl. Stuttgart, 1891. (His Handbuch des handelsrechts, bd. 1, abt. 1, lief. 1.)

GOLDSTAUB, MAXIMILIAN.
De 'Αδείας notione et usu in iure publico attico. In Breslauer phil. abh., vol. 4, no. 1 (1889). (Published in part as the author's Inaug.-diss., Breslau. Breslau [1888].)

GOLIGHER, W. A.
Athenian clubs. In Ha, vol. 17, pp. 295–311 (1912/13).
The Boeotian constitution. In CR, vol. 22, pp. 80–82 (1908).
Studies in Attic law. I. Isaeus and Attic law. II. The Antidosis. In Ha., vol. 14, pp. 183–204, 481–515 (1906/07).

GOMPERZ, HEINRICH.
Die anklage gegen Sokrates in ihrer bedeutung für die Sokratesforschung. In NJKlA, vol. 53, pp. 129–173 (1924).

GOODELL, T. D.
Aristotle on the public arbitrators. In AJP, vol. 12, pp. 319–326 (1891).

GOODWIN, W. W.
The Athenian γραφὴ παρανόμων and the American doctrine of constitutional law. In APAT (special session), vol. 26, pp. lx–lxi (1894).
Δίκαι ἀπὸ συμβόλων and δίκαι συμβόλαιαι. In AJP, vol. 1, pp. 4–16 (1880).

GRADENWITZ, OTTO.
Das gericht der chrematisten. In AP, vol. 3, pp. 22–43 (1903/06).
°Zum falscheid des papyrus Halensis 1. In SHA, 1913, no. 8.

GRADENWITZ, OTTO.
  Zur "Petition of Dionysia." In AP, vol. 1, pp. 328–335 (1900–01).
  Zwei bankanweisungen aus den Berliner papyri. In AP, vol. 2, pp. 96–116 (1902–03).

GRADENWITZ, OTTO, PREISIGKE, FRIEDRICH, AND SPIEGELBERG, WILHELM.
  Ein erbstreit aus dem ptolemäischen Aegypten. In WGS, no. 13, 1912.
  See also Gerhard, G. A., and Gradenwitz, Otto.

GRAILLOT, H.
  Hiéros gamos. In Dict.

GRAINDOR, PAUL.
  Décrets de Ténos en l'honneur du médecin Apollonios de Milet. In MB, vol. 10, pp. 59–65 (1906).

GRASBERGER, LORENZ.
  Erziehung und unterricht im klassischen alterthum. Würzburg, 1864–81.

GRASSHOFF, WILHELM.
  Symbolae ad doctrinam iuris attici de hereditatibus. I. De successione ab intestato. Berlin, 1877. Inaug.-diss., Leipzig.

GREENIDGE, A. H. J.
  A handbook of Greek constitutional history. New edition, London, 1914.

GRENFELL, B. P., AND HUNT, A. S.
  Papyrus Cattaoui. I. Text. In AP, vol. 3, pp. 55–67 (1903–06).

GRENFELL, B. P., AND MAHAFFY, J. P.
  The revenue laws of Ptolemy Philadelphus. Oxford, 1896.

GRIEVE, L. C. C.
  The dead who are not dead. In AJA, n. s., vol. 6, pp. 37–38 (1902).

GROH, F.
  °O jevišti divadla řeckého. Pr., Praze, 1895.

GROSSE, BERNHARD.
Ueber Isokrates' Trapezitikos. Pr., Arnstadt, 1884.

GRUENER, WOLDEMAR.
Korinths verfassung und geschichte mit besonderer berüchsichtigung seiner politik während der Pentekontaetie. Colditz, 187–. Inaug.-diss., Leipzig.

GUASCO, OCTAVIEN DE.
Sopra l'autonomia de popoli delle città greche. (In his Dissertations historiques, politiques et litteraires. Tournay, 1756.)

GUENTER, ERICH.
Die sicherungsübereignung im griechischen recht. Königsberg, 1914. Diss., Königsberg.

GUETERBOCK, K. E.
Byzanz und Persien in ihren diplomatisch-völkerrechtlichen beziehungen im zeitalter Justinians. Ein beitrag zur geschichte des völkerrechts. Berlin, 1906.

GUGGENHEIM, MORITZ.
Die bedeutung der folterung im attischen processe. Zürich, 1882. Inaug.-diss., Zürich.

GUILLARD, ÉDMOND.
Les banquiers athéniens et romains — trapézites, & argentarii. Paris, 1875.

GUIRAUD, PAUL.
De la condition des alliés pendant la première confédération athénienne. In AFLB, vol. 5, pp. 168–225 (1883).

Lectures historiques. La vie privée et la vie publique des Grecs. 5. éd. Paris, 1909.

Note sur un passage d'Aristote ('Αθηναίων Πολιτεία, 4). (In Mélanges Georges Perrot, pp. 145–149. Paris, 1903.)

La propriété foncière en Grèce jusqu'à la conquête romaine. Paris, 1893.

Emphyteusis — Grèce. In Dict.

HAEDERLI, RICHARD.
Die hellenischen astynomen und agoranomen, vornehmlich im alten Athen. In NJ, suppl., vol. 15, pp. 45-94 (1887).

HAFTER, EUGEN.
Die erbtochter nach attischem recht. Leipzig, 1887.

HAGEMANN, ARNOLD.
Griechische panzerung. Eine entwicklungsgeschichtliche studie zur antiken bewaffnung. Teil I. Der metallharnisch. Leipzig, 1919.

HAGEMANN, GUSTAV.
De Graecorum prytaneis capita tria. Breslau, 1881. Diss., Breslau.

HAGER, HERMANN.
How were the bodies of criminals at Athens disposed of after death? In JP, vol. 8, pp. 1-13 (1879).
On the eisangelia. In JP, vol. 4, pp. 74-112 (1872).
Quaestionum Hyperidearum capita duo. Leipzig, 1870. Inaug.-diss., Leipzig.

HALBERTSMA, PETER.
Specimen literarium de magistratuum probatione apud Athenienses. Deventer, 1841. Diss., Leyden.

HALBHERR, FEDERICO.
Cretan expedition. III. Epigraphical researches in Gortyna. In AJA, n.s., vol. 1, pp. 159-250 (1897).

HALLE PHILOLQGICAL SEMINAR.
Dikaiomata. Auszüge aus alexandrinischen gesetzen und verordnungen. Berlin, 1913.

HAMBURGER, J.
Over de beteekenis van het Grieksch voor onze juristen. In Themis, vol. 76, pp. 211-229 (1915).

HAMMARSTRAND, S. F.
Attikas verfassung zur zeit des königthums. (Akademische abhandlung.) In NJ, suppl. 6, pp. 785-826 (1873).

HAMMOND, B. E.
The political institutions of the ancient Greeks. London, 1895.

HARTEL, W. A.
Demosthenische studien. In SAW, vol. 87, pp. 7–66 (1877);
vol. 88, pp. 365–498 (1878).
Studien über attisches staatsrecht und urkundenwesen. In
SAW, vol. 90, pp. 543–624 (1878); vol. 91, pp. 101–194
(1878); vol. 92, pp. 87–196 (1879).

HARTMAN, J. J.
De Hermocopidarum mysteriorumque profanatorum judiciis.
Disquisitiones historicae. Leyden, 1880.

HARTMANN, E. G.
°De statu coloniarum apud veteres. Leipzig, 1779.

HASEBROOK, JOHANNES.
Zum griechischen bankwesen der klassischen zeit. In Herm.,
vol. 55, pp. 113–173 (1920).

HATCH, E.
°On the Greek βουλαί under the Empire. In OPST, 1882/83,
pp. 26–28.

HATZFELD, J.
Tritopatreis (τριτοπάτρεις). In Dict.

HAUPT, HERMAN.
Die vorgeschichte des harpalischen processes. In RM, ser. 3,
vol. 34, pp. 377–387 (1879).

HAUSSOULLIER, BERNARD.
°La guerre et la suspension des tribunaux dans la Grèce
antique. In AIB.
Inscriptions de Chio. In BCH, vol. 3, pp. 230–255 (1879).
Inscriptions de Delphes. I. Décret réglant l'emploi de
sommes offertes par Attale II à la ville de Delphes. In
BCH, vol. 5, pp. 157–178 (1881).
Inscriptions de Delphes. Inscriptions gravées sur le mur
pélasgique. In BCH, vol. 5, pp. 397–434 (1881).
Une liste de métèques milésiens. In Revue, n.s., vol. 23, pp.
80–87 (1899).
Une loi grecque inédite sur les successions "ab intestat."
In NRHD, vol. 47 (n.s. 2), pp. 515–553 (1923).

HAUSSOULLIER, BERNARD.
> Rodolphe Dareste et les études de droit grec en France. In NRHD, vol. 42, pp. 5–42 (1918).
>
> Traité entre Delphes et Pellana. Étude de droit grec. Paris, 1917. (Bibliothèque de l'École pratique des hautes-études, fasc. 222.)
>
> Dèmos; Épibolè; Épilachôn; Épiorkia; Épiskopos; Existasthai tôn ontôn. In Dict.
>
> See also Dareste, Rodolphe, Haussoullier, Bernard, and Reinach, Théodore.

HAUVETTE-BESNAULT, AMÉDÉE.
> De archonte rege. Paris, 1884. Thèse, Paris.
>
> Les stratèges athéniens. Paris, 1885. (Bibliothèque des Écoles françaises d'Athènes et de Rome, fasc. 41.)
>
> Ekdikoi; Emphrouroi; Épiklètoi; Épimènioi; Exétastai. In Dict.

HAUVETTE-BESNAULT, AMÉDÉE, AND DUBOIS, MARCEL.
> Antiquités de Mylasa. II. Inscriptions. In BCH, vol. 5, pp. 95–119 (1881).
>
> See also Pottier, Eduard, and Hauvette-Besnault, Amédée.

HEADLAM, J. W.
> Election by lot at Athens. Cambridge, 1891. (Cambridge historical essays, no. 4.)
>
> In answer to C. V. Thompson's article on "Slave torture in Athens" which was against J. W. Headlam's proposition in CR, Feb., 1893. In CR, vol. 8, pp. 136–137 (1894).
>
> On the πρόκλησις εἰς βάσανον in Attic law. In CR, vol. 7, pp. 1–5 (1893).

HEEREN, A. H. L.
> Ideen über die politik, den verkehr und den handel der . . . völker der alten welt. 3. aufl. Göttingen, 1812–15. (Translation into English. London, 1847–57.)

HEFFTER, A. W.
> Die athenäische gerichtsverfassung. Ein beytrag zur geschichte des rechts, insbesondere zur entwickelung der idee der geschwornengerichte in alter zeit. Cologne, 1822.

HEGEWISCH, D. H.
Geographische und historische nachrichten, die Colonieen der Griechen betreffend. Altona, 1808.

HEINE, WILHELM.
°Auf welchem wege sollten verfassungsmässig die gesetze in Athen zu stande kommen, und wie wich man in einzelnen fällen davon ab? Pr., Rawitsch, 1883.

HEINRICHS, J. E.
De ephebia attica. Berlin, 1851. Inaug.-diss., Berlin.

HEISTERBERGK, B.
Die bestellung der beamten durch das los. In BSt, vol. 16, no. 5 (1896).

HELBIG, JULES.
Les vases du Dipylon et les naucraries. In AIB, ser. 2, vol. 36, pp. 387-421 (1898).

HELFRECHT, J. T. B.
Historische abhandlung von den asylen. Hof, 1801.

HENKEL, HERMANN.
Studien zur geschichte der griechischen lehre vom staat. Leipzig, 1872.

HENRIOT, ——.
Recherches sur la topographie des démes de l'Attique. Napoléon-Vendée, 1853.

HENSE, K. O. F.
Studien zu Sophokles. Leipzig, 1880. (Paranoias graphé.)

HENTSCHEL, J. M.
Quaestionum de Lysiae oratione Epicratea (xxvii) capita duo. Meissen, 1874. Inaug.-diss., Leipzig.

HÉRAULT, DIDIER.
De rerum iudicatarum auctoritate; libri ii. Paris, 1640.
Quaestionum quotidianarum tractatus. Ejusdem observationes ad ius atticum et romanum, in quibus C. Salmasii "Miscellae deffensiones," ejusque specimen expenduntur. Paris, 1650.
Observationum et emendationum liber. Paris, 1640.

HERFST, PIETER.
Le travail de la femme dans la Grèce ancienne. Proefschrift, Utrecht, 1922.

HERMANN, GOTTFRIED.
Opuscula. Leipzig, 1827-77.

HERMANN, K. F.
De condicione atque origine eorum qui homoei apud Lacedaemonios appellati sunt. Marburg, 1832. (In his Antiquitatum laconicarum libelli quatuor. Marburg and Leipzig, 1841.)

De Dracone legumlatore attico. Index scholarum, Göttingen, 1849/50. (Also his Academica Göttingensia ex annis, 1848-55.)

Disputatio de equitibus atticis. Gel. Marburg, 1835.

De syntelia in jure Graecorum publico. Index scholarum, Göttingen, 1853/54. (Also in his Academica Göttingensia ex annis, 1848-55.)

De terminis eorumque religione apud Graecos, 1846. (Also in his Academica Göttingensia ex annis, 1848-55.)

De theoria Deliaca. Index scholarum, Göttingen, 1846/47.

Epicrisis de Demosthenis anno natali. Index scholarum, Göttingen, 1845/46.

Juris domestici et familiaris apud Platonem in legibus cum veteris Graeciae inque primis Athenarum institutis comparatio. Pr., Marburg, 1836.

Lehrbuch der griechischen antiquitäten. Unter mitwirkung von H. Droysen, A. Mueller, Th. Thalheim, V. Thumser, neu hrsg. von Hugo Bluemner und Wilhelm Dittenberger. Freiburg, 1882- .

Quaestiones de probole apud Atticos. Index scholarum, Göttingen, 1847/48.

Symbolae ad doctrinam iuris attici de iniuriarum actionibus. Pr., Göttingen, 1847.

°Ueber gesetze und gesetzgebende gewalt in Griechenland. In AGG, vol. 4, 1849.

°Ueber grundsätze und anwendung des strafrechts im griechischen alterthume. In AGG, vol. 6, 1855.

HERRLICH, SAMUEL.
Die verbrechen gegen das leben nach attischem recht. Pr., Berlin, 1883.

HERRMANN, KONRAD.
Zur echtheitsfrage von Lysias' rede x und xi. Pr., Hannover, 1878.

HERZOG, AUGUST.
Eine lutrophoros. In AZ, vol. 40, pp. 131–144 (1882). (Marriage.)

HERZOG, ERNST VON.
Zur verwaltungsgeschichte des attischen staats. Pr., Tübingen, 1897.

HEUZEY, L. A.
Le mont Olympe et l'Acarnanie; exploration de ces deux régions, avec l'étude de leurs antiquités, de leurs populations anciennes et modernes, de leur géographie et de leur histoire, ouvrage accompagné de planches. Paris, 1860.

HEUZEY, L. A., AND DAUMET, H.
Mission archéologique de Macédoine. Paris, 1876.

HEWITT, J. W.
The necessity of ritual purification after justifiable homicide. In APAT, vol. 41, pp. 99–113 (1910).

HEYDEMANN, VICTOR.
De senatu Atheniensium quaestiones epigraphicae selectae. In Dissertationes philologicae Argentoratenses, vol. 4, pp. 147–202 (1880).

HEYNE, C. G.
De judiciorum publicorum ratione et ordine apud Graecos. Göttingen, 1788–89. (Also his Opuscula academica, bd. 4, s. 49–90. Göttingen, 1785–1812.)

De veterum coloniarum jure atque causis. Göttingen, 1766–67. (Also in his Opuscula academica, bd. 1, s. 290–329. Göttingen, 1785–1812.)

HEYNE, C. G.
 Prolusiones xv de civitatum Graecarum per Magnam Graeciam et Siciliam institutis et legibus. Göttingen, 1767–86. (Also in his Opuscula academica, bd. 2, s. 1–298. Göttingen, 1785–1812.)

HEYSE, MAX.
 De legationibus atticis. Göttingen, 1882. Inaug.-diss., Göttingen.

HICKS, R. D.
 A supposed qualification for election to the Spartan senate. In CR, vol. 20, pp. 23–27 (1906).

HILDEBRANDT, PAUL.
 De causa Polystrati (Lysias xx). (In Commentationes philologicae Monacenses, s. 177–181. Munich, 1891.)

HILLE, C. A.
 De scribis Atheniensium publicis. In LSt, vol. 1, pp. 203–249 (1878).

HILLE, G. E. W. VAN.
 De testamentis iure attico. Amsterdam, 1898. Inaug.-diss., Amsterdam.

HILLER VON GAERTRINGEN, J. F. W.
 Das königtum bei den Thessalern im sechsten und fünften jahrhundert. (In "Aus der anomia." Archäologische beiträge, Karl Robert zur erinnerung an Berlin dargebracht, s. 1–16. Berlin, 1890.
 Die phylarchosinschrift von Tegea. In MAI, vol. 36, pp. 349–360 (1911).

HILLER VON GAERTRINGEN, J. F. W., AND CONZE.
 °Zum gesetzesfragment aus Nisyros. In AGB, Febr. sitz., 1896.
 See also Selivanor, S., and Hiller von Gaertringen, J. F. W.

HIRSCHFELD, GUSTAV.
 Zu griechischen inschriften, besonders kleinasiatischer herkunft. In ZÖG, vol. 33, pp. 161–173 (1882).

HIRT, OTTO.
Commentationum Lysiacarum capita duo. Berlin, 1881.
Inaug.-diss., Berlin.

HIRZEL, RUDOLF.
"Άγραφος νόμος. In ASGW, vol. 20, no. 1 (1900).
Der Eid, ein beitrag zu seiner geschichte. Leipzig, 1902.
Die Eupatriden. In RM, ser. 3, vol. 43, pp. 631–635 (1888).
Themis, Dike, und verwandtes; ein beitrag zur geschichte der rechtsidee bei den Griechen. Leipzig, 1907.

HITZIG, H. F.
Altgriechische staatsverträge über rechtshilfe. Zürich, 1907. (In Festgabe, Ferdinand Regelsberger zu seinem Doktor-Jubliaeum überreicht v. der rechts- und staatswissenschaftlichen Fakultät der Univ. Zürich.)
Die bedeutung des altgriechischen rechtes für die vergleichende rechtswissenschaft. In ZVR, vol. 19, pp. 1–28 (1906).
Der griechische fremdenprozess im licht der neueren inschriftenkunde. In ZSR, vol. 28, pp. 211–253 (1907).
Griechische heiratsverträge auf papyrus. In Univ. Zürich, Festgabe zur einweihung der neubauten, abt. 5, s. 23–45. Zürich, 1914.
Das griechische pfandrecht; ein beitrag zur geschichte des griechischen rechts. Munich, 1895.
Iniuria; beiträge zur geschichte der iniuria im griechischen und römischen recht. Munich, 1899.
Studien zu Isaeus. Pr., Bern, 1883.
Zum griechisch-attischen rechte. In ZSR, vol. 18, pp. 146–196 (1897).

HOECK, ADELBERT.
De Demosthenis adversus Pantaenetum oratione. Berlin, 1878. Diss., Berlin.
Die einführung fremder gesandtschaften in die athenische volksversamlung und die procheirotonie. In NJ, vol. 121, pp. 801–811 (1880).

HOECK, ADELBERT.
    Der eintritt der mündigkeit nach attischem recht. In Herm., vol. 30, pp. 347-354 (1895).
HOECK, K. F. C.
    Kreta; ein versuch zur aufhellung der mythologie und geschichte, der religion und verfassung dieser insel. Leipzig, 1823-29.
HOEFFLER, R. J. A.
    De nomothesia attica. Kiel, 1877. Inaug.-diss., Kiel.
HOELDER, EDUARD.
    Die litis contestatio des formularprozesses. In ZSR, vol. 24, pp. 197-237 (1903).
HOFMANN, FRANZ.
    Beiträge zur geschichte des griechischen und römischen rechts. Vienna, 1870.
HOFMANN, JOHANN.
    Studien zur drakontischen verfassung. Pr., Straubing, 1899.
HOFMANN, W. C.
    De iurandi apud Athenienses formulis. Darmstadt, 1886. Diss., Strassburg.
HOGARTH, D. G.
    The gerousia of Hierapolis. In JP, vol. 19, pp. 69-101 (1891).
HOLCZINGER, J.
    °A Delphii Amphiktyoniarol. Pr., Tata, 1884.
HOLLEAUX, MAURICE.
    Inscriptions d'Athènes. In MAI, vol. 31, pp. 134-144 (1906).
    Note sur un décret de Milet. In REG, vol. 14, pp. 92-96 (1901).
    Sur les assemblées ordinaires de la ligue aitolienne. In BCH, vol. 29, pp. 362-372 (1905).
HOLLÓSI, R.
    °Goeroegországi tanulmány utam. Soproni sxt. benedekrendi foergumn. 1896?
HOLST, J. J. VAN.
    De ernis veterum Graecorum inprimis ex iure attico. Proefschrift, Leyden, 1832.

HOMOLLE, THÉOPHILE.
Les archives de l'intendance sacrée à Délos. Paris, 1887. (Bibliothèque des Écoles françaises d'Athènes et de Rome, fasc. 49.)
Comptes des Hiéropes du temple d'Apollon délien. In BCH, vol. 6, pp. 1–167 (1882).
Comptes et inventaires des Temples Déliens en l'année 279. In BCH, vol. 14, pp. 389–511 (1890).
Contrats de prêt et de location. Trouvés à Amorgos. In BCH, vol. 16, pp. 262–294 (1892).
Remarques complémentaires sur une inscription de Mantinée. In BCH, vol. 16, pp. 580–596 (1892).

HORN, ———.
°De quinque iudiciis in quibus aetate decem oratorum Athenis de caede iudicabatur. Pr., Ploen, 1859.

HOUSSAYE, HENRY.
La loi agraire à Sparte. In AEG, vol. 18, pp. 161–184 (1884).
L'ostracisme à Athènes. In RDM, ser. 3, vol. 55, pp. 886–903 (1883).

HRUZA, ERNST.
Beiträge zur geschichte des griechischen und römischen familienrechtes. Erlangen und Leipzig, 1892–94.

HUBERT, BERNHARD.
De arbitris atticis et privatis et publicis. Leipzig, 1885. Inaug.-diss., Leipzig.

HUCH, G. J. M.
Die organisation der öffentlichen arbeit im griechischen altertume. Frankenstein, 1903. Inaug.-diss., Leipzig.

HUDTWALCKER, M. H.
Ueber die öffentlichen und privat-schiedsrichter (Diaeteten) in Athen und den process vor denselben. Jena, 1812.

HUG, ARNOLD.
Commentatio de pseudodemosthenica oratione adversus Zenothemin. Zürich, 1871.

HULTSCH, F. O.
  Griechische und römische metrologie. 2. aufl. Berlin, 1882.
HUMBERT, G.
  Achaicum foedus; Aeinautai; Aetolicum foedus; Bigamia, II; Moneta falsa. In Dict.
HUMBERT, G., AND CAILLEMER, EXUPERÈ.
  Adulterium, I (En Grèce); Adynatoi. In Dict.
HUNT, A. S.
  See Grenfell, B. P., and Hunt, A. S.
HUVELIN, PAUL.
  Essai historique sur le droit des marches et des foires. Paris, 1897. Thèse, Paris.
  La solidarité de la famille en Grèce et la méthode du droit comparé (d'après un livre récent). In NRHD, vol. 31, pp. 177–204 (1907).
  Mercator (Grèce); Mercatura (Grèce); Navicularius (Ναύκληρος — Grèce); Obligatio (Grèce). In Dict.
HYDE, W. W.
  Homicide courts of ancient Athens. In PLR, vol. 66, pp. 319–362 (1917/18).
IGNATIUS, FRIEDRICH.
  De Antiphontis Rhamnusii elocutione commentatio. Berlin, 1882.
IHNATHO, G.
  Quaedam ex iure attico et quidem de litibus instituendis. Pr., Losoncz, 1884.
ILLING, K. A.
  De antidosi. In BSt, vol. 2, no. 3 (1885). Inaug.-diss., Leipzig, 1884.
ILWOF, FRANZ.
  Tauschhandel und geldsurrogate in alter und neuer zeit. Graz, 1882.
INGLE, N. L.
  The original function of the boulé at Athens. In CR, vol. 25, pp. 236–238 (1911).

JACKSON, C. N.
  The decree-seller in the Birds and the professional politicians at Athens. In HS, vol. 30, pp. 89–109 (1919).

JACOBS, EMIL.
  Thasiaca. Berlin, 1893. Inaug.-diss., Göttingen.

JAENISCH, JUL.
  De Graecorum asylis. Pars prior. Göttingen? 1868. Diss., Göttingen.

JAHN, OTTO, AND MICHAELIS, ADOLF.
  Pausanias. Arx Athenarum, a Pausania descripta, in usum scholarum ediderunt Otto Jahn et Adolf Michaelis. Bonn, 1901.

JANNET, CLAUDIO.
  Les institutions sociales et le droit civil à Sparte. 2. éd. Paris, 1880.

JARDÉ, AUGUST.
  Inscriptions de Delphes. — Actes amphictioniques de la domination étolienne. In BCH, vol. 26, pp. 246–286 (1902).

See also Duerrbach, F., and Jardé, August.

JARET, ———.
  De donation. Louvain, 1827.

JEVONS, F. B.
  Greek law and folklore. In CR, vol. 9, pp. 247–250 (1895).
  Work and wages in Athens. In JHSt, vol. 15, pp. 239–247 (1895).

See also Gardner, Percy, and Jevons, F. B.

JOERS, PAUL.
  Erzrichter und Chrematisten. In ZSR, vol. 36, pp. 230–339 (1915).

JOHNSON, A. C.
  Creation of the tribe Ptolemais at Athens. Additional notes. In AJP, vol. 35, pp. 79–80 (1914).

JONES, SIR WILLIAM.
  Isaeus. Speeches of Isaeus, in causes concerning the law of succession to property at Athens. Translation and commentary. London, 1779.
JOUBIN, ANDRÉ.
  Inscription de Cyzique. In REG, vol. 6, pp. 8–20 (1893).
JOUGUET, PIERRE.
  Les βουλαί en Égypte au iiie siècle, d'après les papyrus d'Oxyrhynchos. In REG, vol. 32, pp. xlv–xlvi (1919).
  Ἐπίκρισις (τῶν ἐφήβων). In SAA, n.s., vol. 3, pp. 203–214 (1910–12).
  See also Collinet, Paul, and Jouguet, Pierre.
JUDEICH, WALTHER.
  Der älteste attische volksbeschluss. In MAI, vol. 24, pp. 321–338 (1899).
  Inschriften aus Karien. In MAI, vol. 15, pp. 252–282 (1890).
  Olymos. In MAI, vol. 14, pp. 367–397 (1889).
  Untersuchungen zur athenischen verfassungsgeschichte. In RM, ser. 3, vol. 62, pp. 295–308 (1907).
JUGLER, J. F.
  Ἀνδραποδοκαπηλεῖον: sive de nundinatione servorum apud veteres. Leipzig, 1742.
JULLIAN, CAMILLE.
  Immunitas. In Dict.
KAERST, JULIUS.
  Geschichte des hellenistischen zeitalters. Leipzig, 1909–17. (Bd. 1, 2. aufl.)
  Studien zur entwickelung und theoretischen begründung der monarchie im altertum. Munich and Leipzig, 1898. (Bibliothek historische, bd. 6.)
KAHRSTEDT, ULRICH.
  Forschungen zur geschichte des ausgehenden 5. und des 4. jahrhunderts. Berlin, 1910.
  Griechisches staatsrecht. I. Sparta und seine symmachie. Göttingen, 1922.

Schulthess, Otto. Das attische volksgericht. (Review.) In
DL, vol. 43, pp. 790-791 (1922).

Staatsrechtliches zum putsch von 411. In Herm., vol. 49,
pp. 47-69 (1914).

KAIBEL, G. W.
Stil und text der Πολιτεία 'Αθηναίων des Aristoteles. Berlin,
1893.

KALINKA, ERNST.
Philologische bemerkungen zu griechischen papyrusurkunden. (In Aus der werkstatt des Hörsaals. Papyrusstudien und andere beiträge dem Innsbrucker Philologenklub zur feier seines 40jährigen bestehens gewidmet von den verfassern. Innsbruck, 1914.)

KALISTOUNAKIS, J. E.
°'Επταδικαὶ ἐρευναί. In Athena, vol. 33, pp. 103-199 (1921).

KAMPEN, ALBERT DE.
De parasitis apud Graecos sacrorum ministris. Göttingen,
1867.

KAUSEL, TH.
De Thesei synoecismo. Pr., Dillenburg, 1882.

KAZAROW, GAWRIL.
De foederis Phocensium institutis. Leipzig, 1899. Inaug.-diss., Leipzig.

Der liparische kommunistenstaat. In Philol., vol. 62, pp.
157-160 (1903).

KEIFFER, J.
L'esclavage à Athènes et à Rome d'après les auteurs grecs et
latins. Pr., Luxembourg, 1896.

KEIL, BRUNO.
Anonymus argentinensis; fragmente zur geschichte des perikleischen Athen aus einem Strassburger papyrus. Strassburg, 1902.

Athens amtsjahre und kalenderjahre im v. jahrhundert. In
Herm., vol. 29, pp. 32-81 (1894).

KEIL, BRUNO.
  Beiträge zur geschichte des Areopagos. In BSGW, vol. 71, no. 8 (1919).
  Bemerkungen zur reconstruction der philoneischen skeuothek. In Herm., vol. 19, pp. 149–163 (1884).
  De titulo ionico. In Revue, n.s., vol. 29, pp. 334–336 (1905).
  Eirene. Eine philologisch-antiquarische untersuchung. In BSGW, vol. 68, no. 4 (1916).
  Griechische staatsaltertümer. (In Gerke, Alfred, und Norden, Eduard. Einleitung in die altertumswissenschaft, bd. 3, s. 297–388. Leipzig, 1910–12.)
  Die rechnungen über den epidaurischen tholosbau. In MAI, vol. 20, pp. 20–115 (1895).
  Die solonische verfassung in Aristoteles verfassungsgeschichte Athens. Berlin, 1892.
  Von delphischem rechnungswesen. In Herm., vol. 37, pp. 511–529 (1902).
  Eine zahlentafel von der athenischen Akropolis. (In Strassburger Festschrift zur XLVI. versammlung deutscher philologen und schulmänner, s. 117–142. Strassburg, 1901.)
  Zu delphischen rechnungsurkunden. In Herm., vol. 39, pp. 649–653 (1904).

KEIL, JOSEF.
  Ephesische bürgerrechts- und proxeniedekrete aus dem 4. und 3. jahrhundert v. Chr. In JOAI, vol. 16, pp. 231–244 (1913).
  °Die erste kaiserneokorie von Ephesos. In NZ, 1919, pp. 115–120.

KENYON, F. G.
  The 'Αθηναίων Πολιτεία and the ἡμέρα διαμεμετρημένη. In CR, vol. 18, pp. 337–339 (1904).

KERAMOPULLOS, A. D.
  Ὁ ἀποτυμπανισμός, συμβολὴ ἀρχαιολογικὴ εἰς τὴν ἱστορίαν τοῦ ποινικοῦ δικαίου καὶ τὴν λαογραφίαν. (22. Βιβλιοθήκη τῆς ἐν 'Αθήναις 'Αρχαιολογικῆς 'Εταιρείας. 1923.)

Die eigenhändigen unterschriften in den delphischen freilassungsurkunden. In Klio, vol. 4, pp. 18–28 (1904).

KIRCHHOFF, ADOLF.
Ist in Athen jemals nach priestern der soteren datirt worden? In Herm., vol. 2, pp. 161–173 (1867).
Ueber die abfassungszeit der schrift vom staate der Athener. In APA, 1878, pp. 1–26.
Ueber die rede vom trierarchischen kranze. In APA, 1865, pp. 65–108.
Ueber die tributpflichtigkeit der attischen kleruchen. In APA, 1873, pp. 1–35.
Zur frage vom stimmstein der Athena. In MPA, 1874, pp. 105–115.
Zur geschichte des athenischen staatsschatzes im fünften jahrhundert. In APA, 1876, pt. 2, pp. 21–67.

KIRCHNER, J. E.
De litis instrumentis quae exstant in Demosthenis quae fertur in Lacritum et priore adversus Stephanum orationibus. Halle, 1883. Inaug.-diss., Halle.
Prosopographia attica. Berlin, 1901–03.
Zum gesetz von Gortyn. In RM, ser. 3, vol. 43, pp. 145–148 (1888).

KLESEL, V.
°Περὶ ἀποκηρύξεως s. de abdicatione, ad leg. 6, Cod. De patria pot. Leipzig, 1753. Diss., Leipzig.

KLETT, THEODOR.
Das megarische psephisma. Tübingen, 1891.

KLIMEK, PAUL.
Der Sokrates-prozess. (Vortrage geh. am 10. xii. 19 in d. vereinigung katholischer Akademiker zu Breslau. 1920.)

KLUTZ, G. A.
De foedere boeotico. Berlin, 1821.

KNIEP, FERDINAND.
Gaius. Gai institutionum commentarius I–III. Jena, 1911–1914.

KOBLÍŽEK, KAREL.
Přehled literatury a starožitností řeckých. Prag, 1894.

KOCH, EMIL.
De Atheniensium logistis euthynis synegoris. Pr., Zittau, 1894.

KOCH, PAUL.
Die byzantinischen beamtentitel von 400–700. Jena, 1903. Inaug.-diss., Jena.

KOEHLER, ULRICH.
Eine attische marineurkunde. In MAI, vol. 4, pp. 79–89 (1879).

Attische schatzurkunde aus dem ende des vierten jahrhunderts. In MAI, vol. 5, pp. 268–283 (1880).

Aus den attischen inschriften. In MAI, vol. 7, pp. 96–111 (1882).

Aus den attischen seeurkunden. In MAI, vol. 6, pp. 21–39 (1881).

Die genossenschaft der Dionysiasten in Piraeus. In MAI, vol. 9, pp. 288–298 (1884).

Ein griechisches gesetz über todtenbestattung. In MAI, vol. 1, pp. 139–150 (1876).

Numismatische beiträge. 3: Die solonische münzreform. In MAI, vol. 10, pp. 151–157 (1885).

Φιάλαι ἐξελευθερικαί. In MAI, vol. 3, pp. 172–177 (1878).

Ueber den auswärtigen besitzstand Athens im zweiten jahrhundert. In MAI, vol. 1, pp. 257–268 (1876).

Ueber zwei neuentdeckte bruchstücke von poletenurkunden. In MPA, 1865, pp. 541–548.

Urkunden und untersuchungen zur geschichte des delisch-attischen bundes. In APA, 1869, pt. 2, pp. 1–211.

Die zeiten der herrschaft des Peisistratos in der Πολιτεία 'Αθηναίων. In SPA, 1892, pp. 339–345.

Der Zwanzigstel des Thrasybul. In MAI, vol. 7, pp. 313–319 (1882).

KOERTE, ALFRED.
  Der harpalische prozess. In NJKlA, vol. 53, pp. 217–231 (1924).
  Das mitgliederverzeichniss einer attischen phratrie. In Herm., vol. 37, pp. 582–589 (1902).
  Zum attischen erbrecht. In Philol., vol. 65, pp. 388–396 (1906).
  Zum attischen scherbengericht. In MAI, vol. 47, pp. 1–7 (1922).

KOHLER, JOSEF.
  Das recht der stiftung bei den Griechen. In ZVR, vol. 17, pp. 223–230 (1904).
  Ueber miet-pacht- und dienst-verträge im Babylon und Aegypten. In ZVR, vol. 29, pp. 416–431 (1913).

KOHLER, JOSEF, AND WENGER, LEOPOLD.
  Allgemeine rechtsgeschichte. I. hälfte. Orientalisches recht und recht der Griechen und Römer. Leipzig, 1914. (Die kultur der gegenwart, bd. 2, abt. 7, hälfte 1.)

KOHLER, JOSEF, AND ZIEBARTH, ERICH.
  Stadtrecht von Gortyn und seine beziehungen zum gemeingriechischen rechte. Göttingen, 1912.

KOHM, JOSEF.
  Die βούλευσις im attischen processe. Pr., Olmütz, 1890.

KOHTS, R.
  De reditibus templorum graecorum. Göttingen, 1869. Inaug.-diss., Göttingen.

KOK, P. DE.
  °De bigamia et de poenis. Groningen, 1803. (Reprinted in Gratama opuscula academica, 1821. Groningen, 1821.)

KOLBE, WALTHER.
  De Atheniensium re navali quaestiones selectae. In Philol., vol. 58, pp. 503–552 (1900).
  Die attischen archonten von 293/2–271/0. In MAI, vol. 30, pp. 73–112 (1905).

KOLBE, WALTHER.
Die attischen archonten von 293/2-31/0 v. Chr. In AGG, n.s., vol. 10, no. 4 (1908).
Zur athenischen marineverwaltung. In MAI, vol. 26, pp. 377-418 (1901).

KOPP, P. A.
°Historia reipublicae Boeotorum. Groningen, 1836.

KOPP, WALDEMAR.
Griechische staatsalterthümer für höhere lehranstalten und zum selbststudium. 2. gänzlich, umgearb. aufl. besorgt von Viktor Thumser. Berlin, 1893.

KOPSTADT, ALFRED.
De rerum laconicarum constitutionis Lycurgeae origine et indole. Preisschrift, Greifswald, 1849.

KORINEK, JOSEPH.
Ueber die heterogenen bevölkerungsklassen des lykurgischen und solonischen staates. (Bohemian.) Pr., Pilgram, 1888.

KOSCHAKER, PAUL.
Boulard, Louis. Les instructions écrites du magistrat au juge-commissaire dans l'Égypte romaine. (Review.) In GGA, vol. 169, pp. 807-821 (1907).
Raape, Leo. Der verfall des griechischen pfandes. (Review.) In KVGR, vol. 50, pp. 507-520 (1912).

KOSTEN, W. A.
Inquiritur quid Xenophontis Λακεδαιμονίων Πολιτεία valeat ad Lacedaemoniorum instituta cognoscenda. Middelburg, 1921. Inaug.-diss., Utrecht.

KOUMANOUDIS, S. A.
Ἐπιγραφαὶ Ἀμοργοῦ. In BCH, vol. 8, pp. 22-27 (1884).

KOZLOWSKI, F. A.
Dissertationes de Heliaea maximo Atheniensium judicio. Leipzig, 1835.

KRAJNYAK, ED.
A diaeteták (diaeteten). Pr., Pressburg, 1882.

KRAUS, FRIEDRICH.
Die formeln des griechischen testaments. Borna-Leipzig, 1915. Diss., Giessen.

KRAUSE, J. H.
Olympia; oder, Darstellung der grossen olympischen spiele, und der damit verbundenen festlichkeiten. Vienna, 1838.

KREBS, ADRIEN.
Empélôroi; Épeunaktai; Épistoleus; Nomographoi; Nomophylakés; Xénagoi; Xénélasia; Zètètai. In Dict.

KRELLER, HANS.
Erbrechtliche untersuchungen auf grund der gräco-ägyptischen papyrusurkunden. Leipzig, 1919.

Lex Rhodia. Untersuchungen zur quellen-geschichte des römischen seerechtes. In ZHK, vol. 85, pp. 257–367 (1921).

KROLL, HERMANN.
Zur Gaius-frage. Münster, 1917. Inaug.-diss., Münster.

KUBICKI, CONRADUS.
De Phaeacis cum Alcibiade testularum contentione. Pr., Glatz, 1881.

KUCHTNER, KARL.
Entstehung und ursprüngliche bedeutung des spartanischen ephorats. Munich, 1897. Promotionsschrift, Munich.

KUEBLER, BERNHARD.
Kroll, Hermann. Zur Gaius-frage. (Review.) In BPh, vol. 38, pp. 581–588 (1918).

Nochmals ἐπαφή. In ZSR, vol. 32, pp. 366–370 (1911).

KUHN, EMIL.
Ueber die entstehung der städte der alten. Komenverfassung und synoikismos. Leipzig, 1878.

KUTORGA, M. S. DE.
Essai historique sur les trapézites ou banquiers d'Athènes, précédé d'une notice sur la distinction de la propriété chez les Athéniens. In ASMP, vol. 50, pp. 221–240 (1859).

LACHMANN, K. H.
 Die spartanische staatsverfassung in ihrer entwickelung und ihrem verfalle. Mit einer einleitung über die anfänge der griechischen geschichte und einer beilage über die epochen des Eratosthenes und Apollodorus, von der zerstörung Trojas bis zur ersten Olympiade. Breslau, 1836.

LAFAYE, GEORGES.
 Tormentum. In Dict.

LALLEMAND, LÉON.
 Histoire des enfants abandonnés et délaissés. Paris, 1885.

LALLIER, R.
 De la condition de la femme dans la famille athénienne au v. et au iv. siècle. Paris, 1875.
 Le procès du Phormion; études sur les moeurs judiciaires d'Athènes. AEG, vol. 12, pp. 48–62 (1878).

LAMBERT, ÉDOUARD.
 La tradition romaine sur la succession: — des formes du testament devant l'histoire comparative. Paris, 1901.

LAMMERT, ——.
 Reiterei. In RE.

LAMPROS, S. P.
 De conditorum coloniarum graecarum indole praemiisque et honoribus. Leipzig, 1873. Inaug.-diss., Leipzig.

LANDVOGT, PETER.
 Epigraphische untersuchungen über den οἰκονόμος. (Ein beitrag zum hellenistischen beamtenwesen.) Strassburg, 1908. Inaug.-diss., Strassburg.

LANDWEHR, HUGO.
 Forschungen zur ältern attischen geschichte. In Philol. suppl., vol. 5, pp. 97–196 (1884).

LANGE, A.
 Darstellungen des athenischen handels vom ende der Perserkriege zur unterjochung Griechenlands durch die Römer. Chemnitz, 1862.

LANGE, KONRAD.
Haus und halle; studie zur geschichte des antiken wohnhauses und der basilika. Leipzig, 1885.

LANGE, LUDWIG.
'Ο ἀεὶ βασιλεύσας. In LSt, vol. 2, pp.116–123 (1879).
De ephetarum Atheniensium nomine commentatio. Pr., Leipzig, 1873.
Die Epheten und der Areopag vor Solon. In ASGW, vol. 7, pp. 187–264 (1879).
'Επώνυμος ἄρχων. In LSt, vol. 1, pp. 157–202 (1878).

LARCHER, P. H.
De l'ordre équestre chez les Grecs. In AIB, vol. 48, pp. 83–103 (1808).

LASAULX, ERNST VON.
Der fluch bei den Griechen und Römern. Erschien zuerst vor dem Würzburger lectionskatalog für das sommersemester (1843). (In his Studien des classischen alterthums, s. 159–177. Regensburg, 1854.)
Die sühnopfer der Griechen und Römer und ihr verhältnis zu dem einen auf Golgotha. Erschien zur feier des namensfestes S.M. des Königes am 25. Aug. Würzburg, 1841. (In his Studien des classischen alterthums, s. 233–282. Regensburg, 1854.)
Ueber die bücher des Königs Numa. Ein beitrag zur religionsphilosophie. In ABAW, vol. 5, pt. 1, pp. 81–130 (1847).

LATTE, KURT.
Heiliges recht; untersuchungen zur geschichte der sakralen rechtsformen in Griechenland. Tübingen, 1920.
Schuld und sünde in der griechischen religion. In ARW, vol. 20, pp. 254–298 (1920–21).

LATTERMANN, H. W. A.
Griechische bauinschriften. In Dissertationes philologicae Argentoratenses, vol. 13, no. 3 (1908).

LATYCHEW, BASILE.
La constitution de Chersonésos en Tauride d'après des documents épigraphiques. In BCH, vol. 9, pp. 265-300 (1885).

LAUM, BERNHARD.
Stiftungen in der griechischen und römischen antike. Ein beitrag zur antiken kulturgeschichte. I. Darstellung; II. Urkunden. Leipzig, 1914.

LAURENCE, P. M.
Judges and litigants. In JP, vol. 8, pp. 125-132 (1879).
Law of war in ancient Greece. In LT, vol. 139, pp. 507-508 (1915).

LEACH, ABBY.
The Athenian democracy in the light of Greek literature. In AJP, vol. 21, pp. 361-377 (1900).

LEBÈGUE, J. A.
Recherches à Délos. Paris, 1876. Thèse, Paris.

LECHAT, HENRI.
Fouilles au Pirée. Sur l'emplacement des fortifications antiques. In BCH, vol. 11, pp. 201-211 (1887).

LECOUTÈRE, C. P. F.
L'archontat Athénien (histoire et organisation) d'après la Πολιτεία 'Αθηναίων. Louvain, 1893. (Université de Louvain. Recueil de travaux, publié par les membres de la conférence d'histoire, fasc. 5.)

LÉCRIVAIN, CHARLES.
L'action populaire et les primes aux dénonciateurs dans le droit grec. In MAT, ser. 10, vol. 5, pp. 40-50 (1905).
L'antidose dans la législation athénienne. In RH, vol. 40, pp. 276-285 (1889).
L'arbitrage international dans la Grèce classique. In MAT, ser. 11, vol. 3, pp. 1-24 (1915).
Le cautionnement dans le droit grec classique. In MAT, ser. 9, vol. 6, pp. 200-225 (1894).
L'exil politique dans l'histoire grecque. In MAT, ser. 11, vol. 7, pp. 317-371 (1919).

Les hétairies dans la Grèce classique. In MAT, ser. 11, vol. 5, pp. 183-208 (1917).

L'institution des otages dans l'antiquité. In MAT, ser. 11, vol. 4, pp. 115-139 (1916).

La loi des astynomes de Pergame. In MAT, ser. 10, vol. 3, pp. 363-378 (1903).

Témoignage dans le droit grec. In MAT, ser. 10, vol. 12, pp. 258-259 (1912).

Eisphora; Endeixis; Énéchyra; Éphègèsis; Éphètai; Éphoroi; Épidosis; Épiklèros; Épitropos; Épôbélia; Eupatridès; Exoulès dikè; Exsilium—Grèce; Foedus—Grèce; Gens—Grèce; Harmostai; Hègémonia Hellènotamiai; Helotae; Hestiarchos; Hodopoioi; Hylôroi; Isopoliteia; Isotéleia; Katalyséôs tou dèmou graphè; Klètèrés; Kôlakrètai; Korynéphoroi; Kosmopolis; Kritai; Limourgoi; Logistae; Mérarchai; Méritai; Méseggyèma; Mésidios archôn; Mêtronomoi; Mnamonés; Monarchos; Natalis dies (I-Grèce); Nautodikai; Nomônès; Parédroi; Phasis; Piratae (I-Grèce); Prodikoi; Prométrètai; Prosodoi; Prytaneia; Skyria dikè; Télè, Télônai; Testimonium, Testis (Grèce); Thiasos; Trapézitae; Veneficium, Venenum; Verber, Verbera; Zèmia. In Dict.

LEDL, ARTUR.

Das attische bürgerrecht und die frauen. In WSt., vol. 29, pp. 173-227 (1907); vol. 30, pp. 1-46, 173-230 (1908).

Studien zum attischen epiklerenrechte. Pr., Graz (Jahresbericht). Graz, 1907-08.

Studien zur älteren athenischen verfassungsgeschichte. Heidelberg, 1914.

Zum attischen intestaterbgesetz. (In Στρωματεῖς. Grazer festgabe zur 50. versammlung deutscher philologen und schulmänner, s. 5-17. Graz, 1909.)

Zum drakontischen blutgesetze. In WSt, vol. 33, pp. 1-36 (1911).

Zur rede des Isaeus περὶ τοῦ Δικαιογένους κλήρου. In WSt, vol. 27, pp. 147-162 (1905).

LEGRAND, P. E.
Στρατεύεσθαι μετὰ 'Αθηναίων. In REG, vol. 15, pp. 144–147 (1902).

LEHMANN-HAUPT, C. F.
Schatzmeister- und archontenwahl in Athen. In Klio, vol. 6, pp. 304–322 (1906).

LEHNER, HANS.
Ueber die athenischen schatzverzeichnisse des 4. jahrhunderts. Strassburg, 1890. Inaug.-diss., Strassburg.

LEIJDS, REINIER.
De ordine rerum 0l[e] 107[a] gestarum imprimis de Demosthenis orationis in Midiam temporibus. Groningen, 1891. Inaug.-diss.,Amsterdam.

LEISI, ERNST.
Der zeuge im attischen recht. Frauenfeld, 1908.

LEIST, B. W.
Gräco-italische rechtsgeschichte. Jena, 1884.

LEIST, G. A.
Der attische eigenthumsstreit im system der diadikasien. Jena, 1886. Inaug.-diss., Tübingen.

LEITHAEUSER, G.
De ephorum collegio ac discordiis. (In Festgabe für Wilhelm Crecelius, s. 96–98. Elberfeld, 1881.)

LELYVELD, PETRUS VAN.
De infamia, iure attico, commentatio. Amsterdam, 1835.

LENNEP, D. J. VAN.
De varia variis temporibus Areopagi potestate. Amsterdam, 1834. (In K. Nederlandisch instituuts van wetenschappen. 3. klasse, 6 d.)

LENORMANT, FRANÇOIS.
Essai sur l'organisation politique et économique de la monnaie dans l'antiquité. Paris, 1863.
Colonia. VIII. Monnaies des colonies grecques. In Dict.

Leo, Friedrich.
Bemerkungen zur attischen komödie. In RM, ser. 3, vol. 33, pp. 400–417 (1878).

Léotard, E.
La démocratie à Athènes (Étude d'histoire grecque). Lyon, 1904.

Lerminier, J. L. E.
Histoire des législateurs et des constitutions de la Grèce antique. Paris, 1852.

Lesquier, Jean.
Les actes de divorce Gréco-égyptiens. In Revue, n.s., vol. 30, pp. 5–30 (1906).

Levi, Alessandro.
Delitto e pena nel pensiero dei Greci; studi su le concezioni antiche e confronti con le teorie odierne. Turin, 1903.

Lévy, Isidore.
Études sur la vie municipale de l'Asie Mineure sous les Antonins. (3d series.) In REG, vol. 14, pp. 350–371 (1901).

Les πατρόβουλοι dans l'épigraphie grecque et la littérature talmudique. In Revue, n.s., vol. 26, pp. 272–278 (1902).

Lewald, Hans.
Beiträge zur kenntnis des römisch-ägyptischen grundbuchrechts. Leipzig, 1909.

Zur personalexekution im recht der papyri. Leipzig, 1910.

Lewy, Heinrich.
De civili condicione mulierum graecarum; commentatio ad Theodorum Thalheim. Breslau, 1885. Inaug.-diss., Breslau.

Lichtenberg, Reinhold von.
Die ägäische kultur. 2. verb. aufl. Leipzig, 1918. (Wissenschaft und bildung, bd. 83.)

Lieblein, J. D. C.
Handel und schiffahrt auf dem rothen meere in alten zeiten; nach ägyptischen quellen. Herausgegeben von der Gesellschaft der wissenschaften zu Chra. Christiania, 1886.

LIMAN, PAUL.
Foederis Boeotici instituta. Greifswald, 1882. Inaug.-diss., Greifswald.

LINFORTH, I. M.
Solon the Athenian. Berkeley, 1919. (University of California. Publications in classical philology, vol. 6.)

LIPSIUS, J. H.
Die athenische steuerreform im jahr des Nausinikos. In NJ, vol. 117, pp. 289–299 (1878).

Das attische recht und rechtsverfahren, mit benutzung des attischen prozesses von M. H. E. Meier und G. F. Schoemann dargestellt von J. H. Lipsius. Leipzig, 1905–15.

Beiträge zur geschichte griechischer bundesverfassungen. In BSGW, vol. 50, pp. 145–176 (1898).

Chronologisches verzeichnis der schriften von Justus Hermann Lipsius. In Bu, vol. 202, pp. 30–36 (1924).

De Demophanti Patroclidis Tisameni populiscitis quae inserta sunt Andocidis orationi περὶ μυστηρίων. Diss.-inaug., quam defendet Joannes Droyser. Berlin, 1873 (Review). In PhA, vol. 6, pp. 233–238 (1874).

De iniuriarum actione ex iure attico gravissima. Diss.-inaug., quam . . . scripsit Augustus Rudolphus Mücke Gorlicensis. Göttingen, 1872 (Review). In PhA, vol. 7, pp. 244–247 (1876).

Griechische studien Hermann Lipsius zum 60. geburtstag dargebracht. Leipzig, 1894.

Jahresbericht über die griechischen alterthümer. In Bu, vol. 2, pp. 1335–1407 (1873).

Jahresbericht über die griechischen alterthümer für die jahre 1874–77. In Bu, vol. 15, pp. 275–352 (1878).

Miscellen: 1. Die archonten im Areopag; 4. Zum boiotischen kalender. In LSt, vol. 4, pp. 151–153, 155–156 (1881).

Lysias' rede gegen Hippotherses und das attische metoikenrecht. In BSGW, vol. 71, no. 9 (1919).

Die phratrie der Demotionidai. In LSt, vol. 16, pp. 159–171 (1894).

Procheirotonie und epicheirotonie. In LSt, vol. 17, pp. 403–412 (1895).

Ueber Antiphons Tetralogien. In BSGW, vol. 56, pp. 191–204 (1904).

Ueber das neugefundene buch des Aristoteles vom staat der Athener. In BSGW, vol. 43, pp. 41–69 (1891).

Ueber den zeitpunct der mündigsprechung im attischen rechte. In NJ, vol. 117, pp. 299–303 (1878).

Ueber die unechtheit der ersten rede gegen Aristogeiton. In LSt, vol. 6, pp. 317–331 (1883).

Von der bedeutung des griechischen rechts. Rede zur feier des geburtstags s.m. des Königs Albert am 23, April, 1891. Leipzig, 1893.

Zu Demosthenes. In LSt, vol. 11, pp. 351–357 (1888).

Zu Hypereides rede gegen Athenogenes. In Philol., vol. 55, pp. 39–45 (1896).

Zum recht von Gortyns. In ASGW, vol. 27, pp. 391–410 (1909).

LOBECK, C. A.

Aglaophamus, sive de theologiae mysticae Graecorum causis libri tres. Idemque poetarum Orphicorum dispersas reliquias collegit. Königsberg, 1829. (Homicide, pollution, etc.)

Phrynichus of Bithynia, the Grammarian. Phrynichi Eclogae nominum et verborum Atticorum. Leipzig? 1820.

LOCHS, HERMANN.

Die ἀντίδοσις; oder, Der sogenannte vermögenstausch. Pr., Bielitz, 1897.

LOEGDBERG, L. E.

Animadversiones de actione παρανόμων. Upsala, 1898. Diss., Upsala.

LOFBERG, J. O.
  Sycophancy in Athens. Chicago, 1917. Thesis (Ph.D.) University of Chicago, 1914.
  The sycophant-parasite. In CP, vol. 15, pp. 61-72 (1920).
  Trial by jury in Athens and America. In CJ, vol. 17, pp. 3-15 (1921/22).

LOLLING, H. G.
  Inschriften aus Nordgriechenland. In MAI, vol. 4, pp. 192-227 (1879).
  Mittheilungen aus Kleinasien; 1. Ehrendecrete aus Lampsakos; 2. Aus dem thal des Rhodios; 3. Inschrift aus Zeleia. In MAI, vol. 6, pp. 95-105, 217-232 (1881).
  Mittheilungen aus Thessalien. In MAI, vol. 7, pp. 61-76 (1882).

LORD, G. D.
  An Attic lease inscription. In AJA, n.s., vol. 3, pp. 44-53 (1899).

LORENZ, C. H.
  Publicae pauperum apud veteres curae specimina. Altenburg, 1797.

LUBER, ALOIS.
  Die ionische phyle der Γελέοντες. Pr. Görz, 1876.

LUEBKER, F. H. C.
  Gefängniswesen; Kauf und verkauf; Leiturgie; Pfandrecht; Phratrien; Schiedsrichter. In his Reallexikon des klassischen altertums. 8. aufl. Leipzig, 1914.

LUEDERS, OTTO.
  Quaestionum de collegiis artificum scenicorum prolusio. Bonn, 1869. Diss., Bonn.

LUGEBIL, KARL.
  Ueber das wesen und die historische bedeutung des ostrakismos in Athen. In NJ, suppl., vol. 4, pp. 117-175 (1861).

LUMBROSO, GIACOMO.
  L'Egitto al tempo dei greci e dei romani. 2. ed. Rome, 1895.

Lettere al Prof. Calderini (sur les institutions alexandrines).
In Aeg, vol. 2, pp. 33–36 (1921).

A proposito di un errore giudiziario dell' epoca alessandrina.
In RAL, vol. 29, pp. 109–116 (1920).

Recherches sur l'économie politique de l'Egypte sous les Lagides. Turin, 1870. (Mémoire couronné par l'Académie des inscriptions et belles-lettres, juillet, 1869.)

LUZAC, JAN.
Lectiones atticae. De digamia Socratis dissertatio. Leyden, 1809.

MABILLE, P.
Le communisme et le féminisme à Athènes. In ASD, ser. 4, vol. 7, pp. 317–361 (1899–1900).

MACAN, ——.
°On the significance of the lot and the date of its introduction at Athens. In OPST, 1886/87, pp. 4–9.

MACDONELL, SIR JOHN.
Part of Greece in jurisprudence and legal history. In LT, vol. 145, pp. 463–464 (1918). (Review of a lecture delivered at the University of London.)

Treaties in Greece and the Middle Ages. In LT, vol. 136, p. 155 (1913/14). (Review of a lecture delivered at the University of London.)

McQUILLIN, E.
Cities of ancient Greece. In SLLR, vol. 7, pp. 200–208 (1922).

MADONIA, S.
Sull' enfiteusi. Studia di storia e di giurisprudenza. Palermo, 1882.

MADVIG, J. N.
Bemärkninger om forholdet imellem forkemyndigheden og dommermyndigheden in Athen. In Danske videnskabernes selskabs. Oversigt, 1864, pp. 59–61. (Also published in much enlarged form under the title, "Eine bemer-

kung über die gränze der competenz der volkes und der gerichte bei den Athenäern" in his Kleine philologische schriften, s. 378-390. Leipzig, 1875.)

MAGIE, DAVID.
De romanorum juris publici sacrique vocabulis sollemnibus in Graecum sermonem conversis. Leipzig, 1905.

MAHAFFY, J. P.
Old Greek education. London, 1883.

When was the γραφὴ παρανόμων against individuals instituted? In Ha, vol. 4, pp. 86-88 (1883).

See also Grenfell, B. P., and Mahaffy, J. P.

MAISCH, RICHARD.
Griechische altertumskunde. 3. verb. aufl. bearb. von Franz Pohlhammer. Berlin, 1914. (Sammlung Göschen, bd. 16.)

MAJER-LEONHARD, ERNST.
'Αγράμματοι; in Aegypto qui litteras sciverint qui nescierint ex papyris Graecis quantum fieri potest exploratur. Marburg, 1913. Diss.,Marburg.

MAKRUGIANNES, E. S.
°Μελέτη περὶ τῆς Πολιτείας τοῦ Σόλωνος. Hermoupolis, 1888?

MALBLANC, J. F. DE.
Doctrina de jurejurando e genuinis legum et antiquitatis fontibus illustrata. Editio nova. Tübingen, 1820.

MALTÉZOS, K.
Δύο 'Αττικὰ ψηφίσματα. In AE, 1908, pp. 315-318.

MANIGK, A.
Pfandrechtliches. In AP, vol. 6, pp. 114-122 (1913-20).

Raape, Leo. Der verfall des griechischen pfandes. (Review.) In BPh, vol. 34, pp. 205-213 (1914).

Hyperocha; Hypotheca. In RE.

MANSO, J. C. F.
Sparta. Ein versuch zur aufklärung der geschichte und verfassung dieses staates. Leipzig, 1800-05.

MAROI, FULVIO.
 Il notariato egizio secondo un papiro tolemaico. In Aeg,
 vol. 1, pp. 366-370 (1920).

MARTHA, JULES.
 Inscriptions de Naxos. In BCH, vol. 9, pp. 493-505 (1885).
 Inscription de Spata; Contrat de vente à réméré. In BCH,
 vol. 1, pp. 235-239 (1877).

MARTIN, ALBERT.
 Les cavaliers athéniens. Paris, 1886. (Bibliothèque des
 Écoles françaises d'Athènes et de Rome, fasc. 47.)
 Notes sur l'héortologie athénienne. In Revue, n.s., vol. 10,
 pp. 17-37 (1886).
 Notes sur l'ostracisme dans Athènes. In AIBS, ser. 1, vol.
 12, pt. 2, pp. 382-446 (1913).
 Quomodo Graeci ac peculiariter Athenienses foedera publica
 jureiurando sanxerint. Paris, 1886. Thèse, Paris.
 Equites-Grèce; Liponautiou graphè, Lipostratiou graphè,
 Lipotaxiou graphè; Lytra; Naucraria; Ostrakismos; Parapresbeias graphè; Proditio, prodosia; Tagos; Tamias. In
 Dict.

MARTIN, VICTOR.
 Les épistratèges. Contributions à l'étude des institutions de
 l'Égypte gréco-romaine. Geneva, 1911. Thèse, Geneva.
 Un document administratif du nome de Mendès. In SPP,
 vol. 17, pp. 9-48 (1917).

MATTHIAE, A. H.
 De judiciis Atheniensium. (In Miscellanea philologica, vol.
 1, pp. 242 ff. 2. aufl. Altenburg, 1809.)

MATTHIASS, BERNHARD.
 Das foenus nauticum und die geschichtliche entwicklung der
 bodmerei. Würzburg, 1881.
 Das griechische schiedsgericht. (In Juristische festgaben
 für Rudolf v. Jhering zum 50. jähr. doktor-jubiläum
 ihres früheren mitgliedes gewidmet v. der Rostocker
 juristenfakultät am 6. Aug., 1892. Stuttgart, 1892.)

MAURI, ANGELO.
  I cittadini lavoratori dell' Attica nei secoli v et iv a. Chr. Milan, 1895.

MAUROCORDATO, D. E.
  Essai sur les divers ordres de succession ab intestat. Paris? 1847. Thèse, Paris.

MAYER, ADOLF.
  Zur geschichte und theorie des moratoriums. Ein beitrag zur kriegswirtschaftslehre. In JG, n.s., vol. 39, pp. 1789-1836 (1915).

MAYER, SAMUEL.
  Rechte der Israeliten, Athener und Römer, mit rücksicht auf die neuen gesetzgebungen, für juristen staatsmänner. Leipzig, 1862-76.

MAYR, RICHARD.
  Lehrbuch der handelsgeschichte auf grundlage der sozial- und wirtschaftsgeschichte. 5. aufl. Vienna, 1921.

MAZZALORSO, GUIS.
  Lo stato e le persone giuridiche in Grecia e particolarmente in Atene. Bologna, 1907.

MEDERLE, KARL.
  De jurisjurandi in lite attica decem oratorum aetate usu. Munich, 1902. Inaug.-diss.,Munich.

MEIER, M. H. E.
  Commentatio de proxenia; sive, De publico Graecorum hospitio. Pr., Halle, 1843.
  Commentatio de vita Lycurgi quae Plutarcho adscribitur et de Lycurgi orationum reliquis. Halle, 1847.
  Commentatio epigraphica. Index scholarum, Halle, 1853/54-1854/55.
  De epistatis Atheniensibus commentariolum. Pr., Halle (Index scholarum) 1855.
  De gentilitate attica. Halle, 1835.
  Historiae iuris attici de bonis damnatorum et fiscalium debitorum libri duo. Berlin, 1819.

Index atticorum archontum eponymorum qui post ol.
cxxi, 2 eum magistratum obtinuerunt. Halle, 1854.

Opuscula academica. Halle, 1861–63.

Die privatschiedsrichter und die öffentlichen diäteten
Athens, so wie die austrägalgerichte in den griechischen
staaten des alterthums. Halle, 1846.

Quanta levitate Graeci jusiurandum violaverint. Index
scholarum, Halle, 1830.

Von der blutgerichtsbarkeit des areopagitischen rathes.
In RM, vol. 2, pp. 265–279 (1828).

MEIER, M. H. E., AND SCHOEMANN, G. F.
Der attische process. Neu bearb. von J. H. Lipsius. Berlin,
1883–87.

MEISTER, RICHARD.
Der ἀρίστων in Argos. In BPh, vol. 12, pp. 258–259 (1892).

Beiträge zur griechischen epigraphik und dialektologie. II.
Trözenische entschädigungsurkunde; III. Ein kapitel aus
dem altgriechischen pfandrechte. In BSGW, vol. 53, pp.
21–30 (1901); vol. 54, pp. 2–7 (1902).

Eideshelfer im griechischen rechte. In RM, ser. 3, vol. 63,
pp. 559–586 (1908). Inaug.-diss., Leipzig.

Elisches amnestiegesetz auf einer bronzetafel aus Olympia.
In BSGW, vol. 50, pp. 218–228 (1898).

Ueber das colonialrecht von Naupaktos. In BSGW, vol. 47,
pp. 272–334 (1895).

MENZEL, ADOLF.
Kallikles. Eine studie zur geschichte der lehre vom rechte
des stärkeren. Vienna, 1922.

Protagoras als gesetzgeber von Thurii. In BSGW, vol. 62,
pp. 191–229 (1910).

°Protagoras als kriminalist. In OZS, vol. 1, pp. 389–404
(1910).

°Protagoras, der älteste theoretiker der demokratie. In ZP,
vol. 3, pt. 2 (1910).

MENZEL, ADOLF.
  Untersuchungen zum Sokrates-processe. In SAW, vol. 145, no. 2 (1903).

MERKEL, JOHANNES.
  Ueber die sogenannten sepulcralmulten. (In Festgabe der Göttinger juristen-facultät für Rudolf von Jhering zum 50. jährigen doktor-jubiläum am 6. Aug., 1892. Leipzig, 1892.)

MERRILL, E. T.
  Bonner, R. J. Justice in the age of Homer. Discussion and review. In CP, vol. 6, pp. 484–485 (1911).

MESNIL, J. A. DU.
  De rebus Pharsalicis. Berlin, 1860. Inaug.-diss., Berlin.

MEURS, J. H. VAN.
  Rechtsgedingen over bepaalde goederen in oud-helleense rechten. Amsterdam, 1914. Diss., Utrecht.

MEURSIUS, JOANNES.
  Areopagus; sive, De senatu areopagitico. (In Gronovius, Jacobus. Thesaurus Graecarum antiquitatum, vol. 5, pp. 2065–2132. Leyden, 1697–1702.)
  De archontibus Atheniensium. (In Gronovius, Jacobus. Thesaurus Graecarum antiquitatum, vol. 4, pp. 1146–1262. Leyden, 1697–1702.)
  De populis Atticae in quo antiquitates Atticae plurimae cum suppl. auctoris et J. Sponsii. (In Gronovius, Jacobus. Thesaurus Graecarum antiquitatum, vol. 4, pp. 673–816. Leyden, 1697–1702.)
  Miscellanea laconica; sive, Variarum antiquitatum Laconicarum. (In Gronovius, Jacobus. Thesaurus Graecarum antiquitatum, vol. 5, pp. 2281–2496. Leyden, 1697–1702.)
  Themis attica; sive, De legibus atticis. (In Gronovius, Jacobus. Thesaurus Graecarum antiquitatum, vol. 5, pp. 1945–1993. Leyden, 1697–1702.)

MEUSS, HEINRICH.
  De ἀπαγωγῆς actione apud Athenienses. Breslau, 1884. Inaug.-diss., Breslau.

MEYER, EDUARD.
Forschungen zur alten geschichte. Halle, 1892–99.
Geschichte des altertums. 3. aufl. Stuttgart, 1910– . (1st ed., 1884–1902.)
Nachwort zu Ferguson — "Athenian politics in the early third century." In Klio, vol. 5, pp. 180–183 (1905–06).
Die sklaverei im altertum. Vortrag, gehalten in der Gehestiftung zu Dresden am 15. januar, 1898. Dresden, 1898.

MEYER, P. M.
Juristische papyri; erklärung von urkunden zur einführung in die juristische papyruskunde. Berlin, 1920.
Neue juristische papyrus-urkunden und literatur. In ZVR, vol. 39, pp. 220–282 (1921).
Papyrus Cattaoui. II. Kommentar. In AP, vol. 3, pp. 67–105 (1903–06).
Schrift und unterschrift in den griechischen kontrakten der ptolemäerzeit. In Klio, vol. 4, pp. 28–31 (1904).
Zum Drusilla-prozess. In AP, vol. 3, pp. 247–249 (1903–06).
Zum ptolemäischen gerichtsverfahren. In Klio, vol. 7, pp. 289–291 (1907).

MICHAELIS, ADOLF.
See Jahn, Otto, and Michaelis, Adolf.

MICHEL, CHARLES.
Rhètra; Sitophylakés; Sitou dikè; Syllogeis. In Dict.

MICHL, A.
Das archontat. Pr., Prag, 1879.

MILCHHOEFER, ARTHUR.
Untersuchungen über die demenordnung des Kleisthenes. In APA, suppl., 1892, pp. 1–48.

MILLER, J.
Gerontes, Gerusia. In RE.

MILLER, OTTO.
De decretis atticis quaestiones epigraphicae. Breslau, 1885. Inaug.-diss., Breslau.

MILLER, OTTO.
  Die procheirotonie der Athener. (In Philologische abhandlungen für M. Hertz, s. 189–196. Berlin, 1888.)

MITTEIS, LUDWIG.
  Aus den griechischen papyrusurkunden; ein vortrag gehalten auf der vi. versammlung deutscher historiker zu Halle A.S. am 5. April, 1900. Leipzig, 1900.
  Griechisch-lateinisches diptychon vom jahr 198. In ZSR, vol. 40, pp. 358–359 (1919).
  I. Griechische prozessverhandlung, etwa aus dem 5. jahrhundert n. Chr. II. Lateinische emanzipationsurkunde aus dem 3. jahrhundert n. Chr. Pr., Leipzig, 1912.
  Neue rechtsurkunden aus Oxyrhynchos. In AP, vol. 1, pp. 178–199, 343–354 (1900–01).
  Das receptum nautarum in den papyrusurkunden. In BSGW, vol. 62, pp. 270–278 (1910).
  Reichsrecht und volksrecht in den östlichen provinzen des römischen kaiserreichs. Mit beiträgen zur kenntniss des griechischen rechts und der spätrömischen rechtsentwicklung. Leipzig, 1891.
  Römisches privatrecht bis auf die zeit Diokletians, bd. 1. Leipzig, 1908.
  Romanistische papyrusstudien. In ZSR, vol. 23, pp. 274–314 (1902).
  Trapezitika. In ZSR, vol. 19, pp. 198–260 (1898).
  Ueber die privatrechtliche bedeutung der ägyptischen βιβλιοθήκη ἐγκτήσεων. BSGW, vol. 62, pp. 249–263 (1910).
  Zur geschichte der erbpacht im alterthum. In ASGW, vol. 20, no. 4, 1900–03.
  Zur lehre von den libellen und der prozesseinleitung nach den papyri der früheren kaiserzeit. In BSGW, vol. 62, pp. 61–126 (1910).
  Zwei griechische rechtsurkunden aus Kurdistan. In ZSR, vol. 36, pp. 425–429 (1915).

Mitteis, Ludwig, and Wilcken, Ulrich.
  Grundzüge und chrestomathie der papyruskunde. Leipzig, 1912.
  P. Lips. 13. In AP, vol. 3, pp. 106–112 (1903–06).

Modica, Marco.
  Introduzione allo studio della papirologia giuridica, con prefazione del Prof. P. Bonfante. Milan, 1914. (Biblioteca giuridica contemporanea.)
  Il mutuo nei papyri greco-egizii dell' epoca tolemaica. Palermo, 1911.

Mommsen, August.
  Die attischen skirabräuche. In Philol., vol. 50, pp. 108–136 (1891).
  Feste der stadt Athen im altertum, geordnet nach attischem kalender, umarbeitung der 1864 erschienenen heortologie. Leipzig, 1898.
  Formalien der dekrete Athens. In Philol., vol. 64, pp. 506–553 (1905).
  Heortologie; antiquarische untersuchungen über die städtischen feste der Athener. Leipzig, 1864.

Mommsen, Theodor.
  Römisches strafrecht. Leipzig, 1899. (Systematisches handbuch der deutschen rechtswissenschaft, hrsg. von K. Bending, abt. 1, tl. 4.)

Monceaux, Paul.
  Inscriptions de Thessalie. In BCH, vol. 7, pp. 41–61 (1883).
  Les proxénies grecques. Paris, 1886.
  Épinomia; Épitaphia; Prostatès; Proxénia. In Dict.

Monnier, Henry.
  Études de droit byzantin. L'Ἐπιβολή. In NRHD, vol. 16, pp. 125–164, 330–352, 497–542, 637–672 (1892).

Morris, C. D.
  The jurisdiction of the Athenians over their allies. In AJP, vol. 5, pp. 298–317 (1884).

Moy, Léon.
Étude sur les plaidoyers d'Isée. Paris, 1876.

Muecke, A. R.
De injuriarum actione ex jure attico gravissima. Göttingen, 1872. Inaug.-diss., Göttingen.

Mueller, B. A.
Zum lykischen mutterrecht. In WSt, vol. 28, pp. 330-331 (1906).

Mueller, E. H. O.
Sokrates in der volksversammlung. Pr., Zittau, 1894.

Mueller, K. O.
Aeschylos Eumeniden; griechisch und deutsch, mit erläuternden abhandlungen über die äussere darstellung, und über den inhalt und die composition dieser tragödie. Göttingen, 1833. 1. u. 2. Anhang. 1834-35. (Homicide.)
Die Dorier. 2. aufl. Breslau, 1844. (His Geschichten hellenischer stämme und städte, bde. 2-3.)
°Ueber die athenische agora. Pr., 1839-40.

Mueller, Otto.
Untersuchungen zur geschichte des attischen bürger- und eherechts. In NJ, suppl., vol. 25, pp. 661-865 (1899).

Mueller-Struebing, Hermann.
Aristophanes und die historische kritik. Polemische studien zur geschichte von Athen, im 5. jahrhundert. Leipzig, 1873.
Die legenden vom tode des Pheidias. In NJ, vol. 125, pp. 289-340 (1882).
Protagorea. Zu den vögeln des Aristophanes. In NJ, vol. 121, pp. 81-106 (1880).

Muenscher, Karl.
Isaios. In ZVR, vol. 37, pp. 32-328 (1919/20).

Mulder, J. J. B.
Quaestiones nonnullae ad Atheniensium matrimonia vitamque coniugalem pertinentes. Utrecht [1920]. Inaug.-diss., Utrecht.

MYLONAS, K. D.
Δικαστικὰ πινάκια ἀνέκδοτα δύο. In BCH, vol. 7, pp. 29-36 (1883).

NABER, J. C.
'Εξούλης δίκη cui competat et de lege sacrata Halicarnasensi. In Mn, n.s., vol. 43, pp. 184-204 (1915).

Ex iure attico. (In Sertum Nabericum; Collectum a philologis batavis ad celebrandum diem festum xvi um mensis Julii anni MCMVIII, pp. 273-282. Leyden, 1908.)

Observatiunculae ad papyros juridicae. In AP, vol. 1, pp. 85-91, 313-327 (1900-01); vol. 2, pp. 32-40 (1902-03); vol. 3, pp. 6-21 (1903-06).

NABER, S. A.
Solons wetgeving aangaande het erfregt. In Mn, vol. 1, pp. 375-393 (1852).

Specimen philologicum inaugurale de fide Andocidis orationis de mysteriis. Leyden, 1850. Inaug.-diss., Leyden.

NACHMANSON, ERNST.
Freilassungsurkunden aus Lokris. In MAI, vol. 32, pp. 1-70 (1907).

Zum kononischen mauerbau. In MAI, vol. 30, pp. 391-398 (1905).

NAEGELSBACH, K. F. VON.
Die nachhomerische theologie des griechischen volksglaubens bis auf Alexander. Nuremberg, 1857.

NAUZE, L. DE LA.
De la loi des Lacédémoniens, qui défendait l'entrée de leur pays aux étrangers. In AIB, vol. 12, pp. 159-176 (1734).

NAVARRE, O. L. L.
Dionysos; étude sur l'organisation matérielle du théâtre athénien. Paris, 1895. (Judging of dramatic contests.)

Essai sur la rhétorique grecque avant Aristote. Paris, 1900. Thèse, Paris.

Logographos; Meretrices; Sycophanta; Sycophantias graphè. In Dict.

NENZ, PAUL.
   Quaestiones deliacae. Halle, 1885. Inaug.-diss., Halle. (Epimeletes.)
NEU, CARL.
   De asylis. Göttingen, 1837. Diss., Göttingen.
NEUBAUER, ENGELBERT.
   Ueber die anwendung der γραφὴ παρανόμων bei den Athenern zur abschaffung von gesetzen. Pr., Marburg, 1880.
NEUBAUER, FRIEDRICH.
   Atheniensium reipublicae quaenam Romanorum temporibus fuerit condicio. Halle, 1882. Inaug.-diss., Halle.
NEUBAUER, RICHARD.
   Commentationes epigraphicae. Berlin, 1868. Inaug.-diss., Berlin.
NICOLE, JULES.
   L'apologie d'Antiphon, ou Λόγος περὶ μεταστάσεως d'après des fragments inedits sur papyrus d'Égypte. Geneva, 1896–1900. Tables. Geneva, 1906.
   Le cachet du stratège et les archéphodes. In AP, vol. 3, pp. 226–231 (1903–06).
   Études sur les archontes athéniens. Examen d'une théorie récemment exposée par M. Fustel de Coulanges. In Revue, n.s., vol. 4, pp. 52–58, 161–171 (1880).
   Les papyrus de Genève, transcrits et publiés par J. Nicole: papyrus grecs actes et lettres. Geneva, 1905–07.
NIEDERMEYER, HANS.
   Ueber antike protokoll-literatur. Göttingen, 1918. Diss., Göttingen.
NIESE, BENEDICTUS.
   See Wilamowitz-Moellendorff, Ulrich von, and Niese, Benedictus.
NIETZOLD, JOHANNES.
   Die ehe in Aegypten zur ptolemäisch-römischen zeit; nach den griechischen heiratskontrakten und verwandten urkunden. Leipzig, 1903.

NIKITSKY, A.
'Ανεπιβασία. In Herm., vol. 38, pp. 406-413 (1903).
Zu C.I.A. II, 141. In MAI, vol. 10, pp. 57-58 (1885).

NILSSON, M. P.
Die "traditio per terram" im griechischen rechtsbrauch. In ARW, vol. 20, pp. 232-235 (1920).

NOETHE, H.
Der delische bund, seine einrichtung und verfassung. Magdeburg, 1889.

OEHLER, J.
Bericht über die griechischen staatsaltertümer für die jahre 1893(1890)-1902. In Bu, vol. 122, pp. 1-115 (1904).

OERTEL, FRIEDRICH.
Die liturgie. Studien zur ptolemäischen und kaiserlichen verwaltung Aegyptens. Leipzig, 1917.

OESTBYE, P.
Die schrift vom staat der Athener und die attische ephebie. (Christiannia Videnskabs-selskabet forhandlinger, 1893, no. 6.)

OESTERBERG, EDVIN.
De ephetarum Atheniensium origine. Upsala, 1885. Akademisk afhandling. Upsala.

ONCKEN, WILHELM.
Athen und Hellas. Forschungen zur nationalen und politischen geschichte der alten Griechen. Leipzig, 1865-66.

Isokrates und Athen. Beitrag zur geschichte der einheits- und freiheits-bewegung in Hellas. Heidelberg, 1862.

Staatslehre des Aristoteles in historisch-politischen umrissen. Anhang: Aristoteles historisch-politischen studien über Sparta, Kreta und Athen. Leipzig, 1870-75.

OSANN, FRIDERICH.
De coelibum apud veteres populos conditione. Giessen, 1827.

OSENBRUGGEN, CARL VAN.
De senatu Atheniensium. Hague, 1834. Proefschrift, Leyden.

OSIANDER, ———.
°Über die behandlung der religionsvergehen in Athen. In Correspondenzblatt f. d. gelehrten- u. realsch. Württemberg, 1888.

OTT, LUDWIG.
Beiträge zur kenntniss des griechischen eides. Leipzig, 1896. Inaug.-diss., Zurich.

OTTO, K. E.
De Atheniensium actionibus forensibus publicis. Pr., Dorpatt, 1852.

PABST, O. R.
De orationis ὑπὲρ τοῦ στρατιώτου quae inter Lysiacas tradita est causa. Stendal, 1890. Inaug.-diss., Leipzig.

PAN, JAN.
De grati animi officiis atque ingratorum poena iure attico et romano. Leyden, 1809. Inaug.-diss., Leyden.

PANSKE, P. P.
De magistratibus atticis qui saeculo a. Chr. n. iv. pecunias publicas curabant, pars prior. In LSt, vol. 13, no. 1 (1890). Inaug.-diss., Leipzig.

PAPAMICHALOPULOS, K. N.
Ὁ Ἄρειος πάγος ἐν ταῖς ἀρχαίαις Ἀθήναις. Athens, 1880.

PAPPOULIAS, D. P.
°Das griechische privatrecht in seiner hist. entw. In Themis, vol. 74, pp. 153–177 (1913).

Ἡ ἐμπράγματος ἀσφάλεια κατὰ τὸ ἑλληνικὸν καὶ τὸ ῥωμαϊκὸν δίκαιον. Leipzig, 1909.

Ἱστορικὴ, ἐξέλιξις τοῦ ἀρραβῶνος ἐν τῷ ἐνοχικῷ δικαίῳ. Leipzig, 1911.

PARDESSUS, J. M.
Collection de lois maritimes. Paris, 1828–45.

PARIS, PIERRE.
Fouilles d'Élatée. Inscriptions du temple d'Athèna Cranaia. In BCH, vol. 11, pp. 318–346 (1887).

PARTSCH, JOSEF.
Die alexandrinischen dikaiomata. In AP, vol. 6, pp. 34–77 (1913–20).
Erwiderung gegen A. Manigk, Pfandrechtliches. In AP, vol. 6, pp. 123–124 (1913–20).
Griechisches bürgschaftsrecht. Tl. I. Das recht des altgriechische gemeindestaats. Leipzig, 1909.
Juristische literaturübersicht. In AP, vol. 5, pp. 453–531 (1909–13).
See also Feist, R., Partsch, J., Pringsheim, F., and Schwartz, E.

PASSOW, WOLFGANG.
De crimine βουλεύσεως. Göttingen, 1886. Inaug.-diss., Göttingen.
Verjährung in blutsachen. In Herm., vol. 25, pp. 466–468 (1890).

PENNDORF, JULIUS.
De scribis reipublicae Atheniensium. In LSt, vol. 18, pp. 101–208 (1897).

PERROT, GEORGES.
Le commerce de l'argent et le crédit à Athènes au quatrième siècle avant notre ère. (In his Mémoires d'archéologie, d'épigraphie, et d'histoire, pp. 337–443. Paris, 1875.)
Le commerce des céréales en Attique au quatrième siècle avant notre ère. In RH, vol. 4, pp. 1–73 (1877).
L'éloquence politique et judiciaire à Athènes. Paris, 1873.
Essais sur le droit public et privé de la république athénienne. Paris, 1867. Thèse, Paris.
Cretarcha; Synègoros. In Dict.

PERSSON, A. W.
Vorstudien zu einer geschichte der attischen sakralgesetz-

gebung. I: Die exegeten und Delphi. In ÅL, vol. 14, no. 22 (1918).

PETERSEN, CHRISTIAN.
Ursprung und auslegung des heiligen rechts bei den Griechen. In Philol. suppl., vol. 1, pp. 155–212 (1860).

PETERSEN, E. A. H.
Ueber die preisrichter der grossen Dionysien zu Athen. Pr., Dorpat, 1878.

PETIT, SAMUEL.
Leges atticae. 2d ed., Leyden, 1738–41. (Jurisprudentia romana et attica, tomus 3.)

PETRAKAKOS, D. A.
Die toten im recht nach der lehre und den normen des orthodoxen morgenländischen kirchenrechts, und der gesetzgebung Griechenlands. Leipzig, 1905.

PETTINGAL, JOHN.
On the use and practise of juries among the ancients. London, 1769.

PHILIPPI, ADOLF.
Adnotiunculae ad legum formulas quae in Demosthenis Midiana extant nonnullae. Pr., Giessen, 1878.

Amnestiegesetz des Solon und die Prytanen der naukraren zur zeit des Kylonischen aufstandes. In RM, ser. 3, vol. 29, pp. 1–12 (1874).

Der Areopag und die epheten. Ein untersuchung zur athenischen verfassungsgeschichte. Berlin, 1874.

Der athenische volksbeschlusz von 409/8. In NJ, vol. 105, pp. 577–607 (1872).

Beiträge zu einer geschichte des attischen bürgerrechtes. Berlin, 1870.

Das fragment der demosthenischen rede gegen Zenothemis. In NJ, vol. 95, pp. 577–593 (1867).

Kleine bemerkungen zu griechischen rednern. In RM, ser. 3, vol. 34, pp. 609–613 (1879).

Symbolae ad doctrinam juris attici de syngraphis et de
οὐσίας notione. Leipzig, 1871? Inaug.-diss., Leipzig.

Ueber die demosthenische rede gegen Timotheos. In NJ,
vol. 93, pp. 611–620 (1866).

Zu Demosthenes gegen Apaturios § 10. In NJ, vol. 93, pp.
825–827 (1866).

PHILIPPSON, ROBERT.
Die rechtsphilosophie der Epikureer. In AGPh, vol. 23, pp.
289–337 (1910).

PHILLIPSON, COLEMAN.
The international law and custom of ancient Greece and
Rome. London, 1911.

PHOTIADES, P. S.
°'Αττικὸν δίκαιον, ἑρμηνευτικὰ καὶ διορθωτικὰ εἰς 'Ισαῖον. In
Athena, vol. 44, pp. 1–78; vol. 45, pp. 54–66 (1922–23).

°Περὶ τῆς ἐγγύης πρὸς γάμον καὶ τῶν συναφῶν αὐτῇ νόμων. In
Athena, vol. 32, pp. 100–152, 154 (1920).

PHRANKIAS, ———.
°Αἱ διαθῆκαι Πλάτωνος καὶ 'Αριστοτέλους. Athens, 1904.

PICARD, CHARLES.
L'ancien droit criminel hellénique et la vendetta albanaise.
In RHR, vol. 81, pp. 260–288 (1920).

PISCHINGER, ———.
De arbitris Atheniensium publicis. Munich, 1893. Inaug.-
diss., Munich.

PLATNER, EDUARD.
Notiones iuris et iustitiae ex Homeri et Hesiodi carminibus.
Marburg, 1819.

Der process und die klagen bei den Attikern. Darmstadt,
1824–25.

PLATON, GEORGES.
°Un saggio di sozialismo di stato nell' antichita. In NRS,
vol. 3, pp. 452–458 (1919).

PLAUMANN, GERHARD.
Der Idioslogos. In APA, 1918, no. 17.

POEHLMANN, ROBERT VON.
Aus altertum und gegenwart. 2. umgestaltete und verb. aufl. Munich, 1911. (Reprinted from various periodicals.)

Geschichte der socialen frage und des socialismus in der antiken welt. 2. verm. u. verb. aufl. Munich, 1912.

POHL, AUGUST.
De oratione pro Polystrato Lysiaca. In Dissertationes philologicae Argentoratenses. Vol. 5, pp. 329–365 (1881).

POHLENZ, MAX.
Staatsgedanke und staatslehre der Griechen. Leipzig, 1823. (Wissenschaft und bildung, bd. 183.)

POLAND, FRANZ.
'Αρχιπρεσβευτής. In NJ, vol. 155, p. 894 (1897).

De legationibus Graecorum publicis. Leipzig, 1885. Inaug.-diss., Leipzig.

Geschichte des griechischen vereinswesens. Leipzig, 1909. (Preisschriften gekrönt und hrsg. von der fürstlich jablonowskischen gesellschaft zu Leipzig, bd. 38, nr. 23 der historische-nationalökonomischen sektion.)

POMTOW, HANS.
Die delphischen buleuten (Fasti Delphici III, I). In Philol., vol. 57, pp. 524–563 (1898).

Eine delphische στάσις im jahre 363 v. Chr. In Klio, vol. 6, pp. 89–126 (1906).

Kyllon, des Kyllon sohn aus Elis. (Der Mörder des Tyrannen Aristotimos.) In Philol., vol. 57, pp. 648–649 (1898).

Neues zur delphischen στάσις vom jahre 363 v. Chr. In Klio, vol. 6, pp. 400–419 (1906).

POST, A. H.
Grundriss der ethnologischen jurisprudenz. Oldenburg und Leipzig, 1894–95.

POSTE, E.
Age Eponumoi at Athens. In CR, vol. 10, pp. 4–6 (1896).
Attic judicature. In CR, vol. 10, pp. 147–150 (1896).

POTTIER, EDMOND.
Épistratègos; Viduvium (Grèce). In Dict.

POTTIER, EDMOND, AND HAUVETTE-BESNAULT, AMÉDÉE.
Inscriptions de Téos. In BCH, vol. 4, pp. 110–121 (1880).

PREISIGKE, FRIEDRICH.
Fachwörter des öffentlichen verwaltungsdienstes Aegyptens in den griechischen papyrusurkunden der ptolemäisch-römischen zeit. Göttingen, 1915.

Girowesen im griechischen Aegypten, enthaltend korngiro, geldgiro, girobanknotariat mit einschluss des archivwesens. Strassburg, 1910.

Die ptolemäische staatspost. In Klio, vol. 7, pp. 241–277 (1907).

°Zum papyrus Eitrem no. 5 (Eine bankurkunde aus dem jahre 154 n. Chr.) In SHA, 1916.

See also Gradenwitz, Otto, Preisigke, Friedrich, and Spiegelberg, Wilhelm.

PRELLER, LUDWIG.
Polemonis Periegetae fragmenta. Leipzig, 1838. (Axones.)
Ueber die bedeutung des schwarzen meeres für den handel und verkehr der alten welt. Dorpat, 1842.

PREMERSTEIN, ANTON VON.
Phratern-verbände auf einem attischen hypothekenstein. In MAI, vol. 35, pp. 103–117 (1910).
Corrector. In RE.

PRIDIK, ALEXANDER.
De Cei insulae rebus. Berlin, 1892.

PRINGSHEIM, FRITZ.
Der kauf mit fremdem geld; studien über die bedeutung der preiszahlung für den eigentumserwerb nach griechischem

und römischem recht. Leipzig, 1916. (Romanistische beiträge zur rechtsgeschichte, heft 1.)

See also Feist, R., Partsch, J., Pringsheim, F., and Schwartz, E.

PROCHIRON LEGUM, publicato secondo il Codice vaticano greco 845, a cura di F. Brandileone e V. Puntoni. Roma, 1895. (Fonti per la storia d'Italia, pub. dall'Istituto storico italiano. Leggi, secolo 12 [vol. 30].) (Mediaeval canon law.)

PROTT, H. VON.
Ein ἱερὸς νόμος der Eleusinien. In MAI, vol. 24, pp. 241–266 (1899).

PUCHTA, G. F.
Das gewohnheitsrecht. Erlangen, 1828–37.

PUENDTER, FRANZ.
De lege Rhodia de jactu. Fürstenfeldbruch, 1890. Inaug.-diss., Erlangen.

PUTSCHE, C. E.
Commentationum Homericarum specimen. I. De vi et natura juramenti Stygii et de illustrando inde vocabulo ἄατος. Leipzig, 1832. Diss., Leipzig.

R.
Praktorés. In Dict.

RAAPE, LEO.
Der verfall des griechischen pfandes besonders des griechisch-ägyptischen. Halle, 1912.

RABEL, ERNST.
Δίκη ἐξούλης und verwandtes. In ZSR, vol. 36, pp. 340–390 (1915).

Die haftung des verkäufers wegen mangels im rechte. I. Tl. Geschichtliche studien über den haftungserfolg. Leipzig, 1902.

Die verfügungsbeschränkungen des verpfänders besonders in den papyri, mit einem anhang; Eine unveröffentliche Basler papyruskunde. Leipzig, 1909. (Festgabe zur fünfhundert jahrfeier der Universität Leipzig dargebracht v. der Universität Basel.)

RADET, G. A.
La Lydie et le monde grec au temps des Mermnades, 687–546. Paris, 1893. (Bibliothèque des Écoles françaises d'Athènes et de Rome, fasc. 63.)
See also Duerrbach, F., and Radet, G. A.

RADIN, MAX.
Greek law in Roman comedy. In CP, vol. 5, pp. 365–367 (1910).
Legislation of the Greeks and Romans on corporations. New York, 1909. Thesis (Ph. D.) Columbia university.

RAEDER, A. H.
L'arbitrage international chez les Hellènes. Traduction française par M. Synestvedt. Christiania, Paris, etc., 1912. (Publication de l'institut Nobel Norvégien, tome I.)

RAM, PHILIPPUS.
De incestu. Utrecht, 1774? Inaug.-diss., Leyden.

RANGABES, A. R.
See Rhankabes, A. R.

RAPOPORT, D.
°La culture des olives et la loi de Solon. In Hr, vol. 1, pp. 12–17; vol. 2, pp. 58–63 (1912).

RAUCHENSTEIN, RUDOLF.
Ueber das ende der dreissig in Athen und einige damit zusammenhängende fragen. In Philol., vol. 10, pp. 591–607 (1855).
Ueber die apagoge in der rede des Lysias gegen den Agoratos. In Philol., vol. 5, pp. 513–521 (1850).

REICHENBERGER, SILVANUS.
Demosthenis tertiam contra Aphobum orationem esse genuinam. Würzburg, 1881. Inaug.-diss., Erlangen.

REINA, CALCEDONIO.
Caronda e le sue leggi, con annotazioni dai libri sacri e dai discorsi politici di P. Krueger. L'Odeo. Il Castello Ursino. Catania, 1906.

REINACH, SALOMON.
Sycophantes. In REG, vol. 19, pp. 335–358 (1906).
Exegetae. In Dict.

REINACH, THÉODORE.
Inscription de Phocée; mentionnant un prêtre de Massalie. In BCH, vol. 17, pp. 34–39 (1893).
Le plaidoyer de Lysias contre Hippothérsès. In REG, vol. 32, pp. 443–450 (1919).
Remarques sur le décret d'Athènes en l'honneur de Pharnace Ier. (BCH, xxix, pp. 169 et suiv.) In BCH, vol. 30, pp. 46–51 (1906).
Éleuthéra agora; Éleuthérôn phthora; Éleuthéroplasiou dikè; Emporikai dikai; Emporikos nomos; Énoikiou dikè; Érèmos dikè; Exagôgès dikè. In Dict.
See also Dareste, Rodolphe, Haussoullier, Bernard, and Reinach, Théodore.

RENSCH, WALTHER.
De manumissionum titulis apud Thessalos. In Dissertationes philologicae Halenses. Vol. 18, pp. 65–132 (1908).

RENTZSCH, JOHANN.
De δίκη ψευδομαρτυρίων in iure attico, comparatis Platonis imprimis legum libris cum oratoribus atticis. Leipzig. 1901. Inaug.-diss., Leipzig.

REUSCH, ADAM.
De diebus contionum ordinariarum apud Athenienses. In Dissertationes philologicae Argentoratenses. Vol. 3, pp. 1–138 (1880).

REUSS, C.
De Lycurgea quae fertur agrorum divisione. Pr., Pforzheim, 1878.

RHANKABES, A. R.
Mémoire sur les mines de Laurium. In AIBS, ser. I, vol. 8, pt. 2, pp. 297–346 (1874).

RHOUSOUPOLOS, R. A.
°Κατάλογος τῶν ἐν 'Αθήναις γενομένων ἀρχόντων. Athens, 1861.

RICHTER, A.
  Photiades, P. S. Ueber die eherechtliche engyesis (ἐγγύη πρὸς γάμον) und die diesbezüglichen gesetze. In AR, vol. 17, p. 79 (1923/24). (Review of Photiades' monograph.)

RICHTER, C. G.
  Animadversionum de veteribus legum latoribus ad I. A. Fabricii Bibliothecam graecam specimen I. Hamburg, 1790.

RICHTER, JULIUS.
  Aristophanis Vespae. Berlin, 1858.

RIDGEWAY, WILLIAM.
  The origin of metallic currency and weight standards. Cambridge, 1892.

RIEDENAUER, ANTON.
  Handwerk und handwerker in den homerischen zeiten. Erlangen, 1873. (His Studien zur geschichte des antiken handwerks, bd. I.)

RIEGER, MAX.
  De ordinum homoeorum et hypomeionum qui apud Lacedaemonios fuerunt, origine disputatio. Habilitationsschrift, Giessen, 1853.

RIEHEMANN, JOSEF.
  De litis instrumentis quae exstant in Demosthenis quae fertur oratione adversus Neaeram. Leipzig, 1866. Inaug.-diss., Leipzig.

RIEZLER, KURT.
  Ueber finanzen und monopole im alten Griechenland. Zur theorie und geschichte der antiken staatswirtschaft. Berlin, 1907.

RINGNALDA, H. F. T.
  De exercitu Lacedaemoniorum. Leeuwarden, 1893. Inaug.-diss., Groningen.

RIZZO, G. E.
  °Le tavole finanziarie di Taormina. In RSA, vol. 4, pp. 350–379 (1901); vol. 5, pp. 74–90 (1902).

ROBERT, C.
Proxeniedecrete aus Tanagra. In Herm., vol. 11, pp. 97–103, (1876).

ROBERTSON, H. G.
The administration of justice in the Athenian Empire. In University of Toronto studies. History and economics, vol. 4, no. 1 (1924).

ROBIOU DE LA TRÉHONNAIS, F. M. L. J.
Questions de droit attique, politique, administratif et privé. Paris, 1880.

ROCHETTE, DÉSIRÉ RAOUL-.
Histoire critique de l'établissement des colonies grecques. Paris, 1815.

Sur la forme et l'administration de l'État fédératif des Boeotiens. In AIB, ser. 2, vol. 8, pp. 214–249 (1827).

ROEDER, WILLIB.
Beiträge zur erklärung und kritik des Isaios. Jena, 1880.

ROEHL, HERMANN.
Jahresbericht über die griechische epigraphik für 1878–82. In Bu, vol. 32, pp. 1–154 (1882).

Zum gesetze über todtenbestattung. In MAI, vol. 1, pp. 255–256 (1876).

ROEHLECKE, ALBERT.
Zur erklärung der 14. und 15. rede des Lysias. Pr., Magdeburg, 1905.

ROEMER, ADOLF.
Studien zu Aristophanes und den alten erklären desselben. Tl. 1. Leipzig, 1902.

ROERSCH, ALPHONSE.
See Francotte, Henri, Roersch, Alphonse, and Sencie, Joseph.

ROHDE, ERWIN.
Psyche; seelencult und unsterblichkeitsglaube der Griechen. 8. aufl. Tübingen, 1921. (Homicide, pollution, etc.)

ROMSTEDT, M. A.
Die wirtschaftliche organisation des athenischen reiches. Weida, 1914. Inaug.-diss., Leipzig.

ROSE, GEORG.
Psephisma des Kannonos. (In Commentationes philologicae monacensis, pp. 83–96. Munich, 1891.)

ROSE, H. J.
On the alleged evidence for mother-right in early Greece. In Folklore, vol. 22, pp. 277–291, 493 (1911).

ROSENBERG, ARTHUR.
Perikles und die parteien in Athen. In NJKlA, vol. 35, pp. 205–223 (1915).

ROSENBERG, EMIL.
Ueber das attische militärstrafgesetz. In Philol., vol. 34, pp. 65–73 (1876).

ROSS, LUDWIG.
Die demen von Attika und ihre vertheilung unter den phylen. Halle, 1846.

Ueber eine art der abstimmung in den athenischen gerichten. In NJ, suppl., vol. 1, pp. 350–357 (1831).

ROST, MICHAEL.
De vocibus quibusdam publici iuris attici. ('Αποχειροτονία, Διαχειροτονία, 'Επιχειροτονία, Καταχειροτονία, Προχειροτονία.) Munich, 1905. Inaug.-diss., Munich.

ROSTOVTZEFF, M.
Queen Dynamis of Bosporus. In JHSt, vol. 39, pp. 88–109 (1919).

ROTH, J. F.
De actione ignavi otii. Leipzig, 1807. Diss., Leipzig.

RUBENSOHN, OTTO.
Ein parisch-thasischer vertrag. In MAI, vol. 27, pp. 273–288 (1902).

RUEGER, CONRAD.
Oratio de corona navali num a Demosthene scripta sit, inquiritur. Dresden, 1900. (Beigabe zum jahresbericht des Wettiner gymnasiums zu Dresden, 1899/1900.)

RUELLE, C. F.
 Tableau chronologique des archontes éponymes postérieurs à la cxii^e Olympiade. Paris, 1871.

RUGGIERO, ROBERTO DE.
 I papiri greci e la "stipulatio duplae." In BDI, vol. 14, pp. 93–121 (1901).

RUPPERSBERG, ALBERT.
 Der tod des Sokrates in juristischer beurteilung. In HG, vol. 29, pp. 20–22 (1918).

SAEVE, HJALMAR.
 De areopago et judiciis heliasticis apud Athenienses. Upsala, 1862.

SAGLIO, EDMOND.
 Éponymos; Numellae, nervus, boiae; Prodikoi dikai; Proeisphoras dikè; Prytanis. In Dict.

SAINTE-CROIX, G. E. J.
 De l'état et du sort des colonies des anciens peuples. Paris, 1775.
 Des anciens gouvernements fédératifs et de la législation de la Crète. Paris, 1799.

SALIN, EDGAR.
 Platon und die griechische Utopie. Munich, 1921.

SALOMON, MAX.
 Der begriff des naturrechts bei den Sophisten. In ZSR, vol. 32, pp. 129–167 (1911).

SAMTER, ERNST.
 Familienfeste der Griechen und Römer. Berlin, 1901.
 Volkskunde im altsprachlichen unterricht. Ein handbuch, Tl. I, Homer. Berlin, 1923.

SAMTER, R.
 Ἀλληλέγγυοι. In Philol., vol. 75, pp. 414–436 (1919).

SAN NICOLÒ, MARIANO.
 Aegyptisches vereinswesen z. zt. d. Ptolemäer und Römer. Bd. I, Munich, 1913. Bd. II, Paderborn, 1915. (MBP, hft. 2.)

Einiges aus dem Pap. Hal. I. Beiträge zur kenntnis der griechischen rechtes in Aegypten. In AKA, vol. 53, pp. 342–361 (1913); vol. 55, pp. 248–267 (1913).

Meyer, Paul. Griechische texte aus Aegypten. (Review.) In KVJ, vol. 55, pp. 62–79 (1919–22).

Strafrechtliches aus den griechischen papyri. Eine rechtshistorische skizze. In AKA, vol. 46, pp. 118–145 (1912).

Zur prügelstrafe im altertum. In AKA, vol. 52, pp. 304–306 (1913).

Sanctis, Gaetano de.
L'amnistia di Solone e le origini dell' Areopago. (In his Saggi storico-critico, fasc. 1, pt. 2. Rome, 1896.)

I nomophylakes d'Atene. (In Entaphia: in memoria de Emilio Pozzi la scuola torinese di storia antica. Turin, 1913.)

Studi sugli arconti ateniese del sec. 111 av. Cr. In Riv., vol. 28, pp. 43–68 (1900).

See also Ghione, Pietro.

Sanguinetti, F. V.
Nota para un essayo sobre el ostracismo. Buenos Aires, 1922.

Sardemann, Walther.
Eleusinische übergabeurkunden aus dem v. jahrhundert. Marburg, 1914. Diss., Giessen.

Saumaise, Claude de.
De usuris liber. Leyden, 1638.

Variis observationibus et emendationibus ad jus atticum et romanum pertinentibus. Leyden, 1645.

Sauppe, Hermann.
Commentatio de Atheniensium ratione suffragia in iudiciis ferendi. Göttingen, 1883. (Also in his Ausgewählte schriften, s. 756–768. Göttingen, 1896.)

Commentatio de proxenis Atheniensium. Pr., Göttingen, 1877.

SAUPPE, HERMANN.
De collegio artificum scenicorum atticorum. Göttingen, 1876. (Also in his Ausgewählte schriften, s. 703–717. Göttingen, 1896).
De creatione archontum atticorum. Göttingen, 1864. Inaug.-diss., Göttingen.
Die epitaphia in der späteren zeit Athens. In GN, 1864, pp. 199–222.
Die κατάστασις der attischen reiterei. In Philol., vol. 15, pp. 69–76 (1859). (Also in his Ausgewählte schriften, s. 238–244. Göttingen, 1896.)

SAVAGE, C. A.
The Athenian family; a sociological and legal study, based chiefly on the works of the Attic orators. Baltimore, 1907. Thesis (Ph. D.) Johns Hopkins University.
The Athenian in his relations to the State. (In Studies in honour of Basil L. Gildersleeve, pp. 87–94. Baltimore, 1902.)

SBORŌNOS, I. N.
Νομισματικὰ σύμβολα τῆς ἀρχαίας Κρήτας. In AE, 1893, pp. 147–162.

SCHAEFER, ARNOLD.
De ephoris Lacedaemoniorum. Leipzig, 1863.
Demosthenes und seine zeit. 2. revid. ausg. Leipzig, 1885–87.

SCHAEFER, CARL.
Die attische trittyeneintheilung. In MAI, vol. 5, pp. 85–88 (1880).
Neue seeurkundenfragmente. In MAI, vol. 5, pp. 43–51 (1880).
Die privatcultgenossenschaften im Peiraieus. In NJ, vol. 121, pp. 417–427 (1880).
Ueber das forum der beamtendokimasie in Athen. In NJ, vol. 117, pp. 821–829 (1878).

SCHAFFNER, SIEGFRIED.
De tertia adversus Aphobum oratione vulgo Demosthenis nomini addicta. Leipzig, 1876. Inaug.-diss., Leipzig.

SCHAUBE, ADOLF.
Object und composition der rechtsaufzeichnung von Gortyn. In Herm., vol. 21, pp. 213–239 (1886).

SCHEDE, MARTIN.
Aus dem geraion von Samos. In MAI, vol. 44, pp. 1–46 (1919).

SCHELLING, HERMAN.
De Solonis legibus apud oratores atticos. Preisschrift, Berlin, 1842.

SCHENKL, HEINRICH.
De metoecis atticis. In WSt, vol. 2, pp. 161–225 (1880).
Φιάλαι ἐξελευθερικαί. In ZÖG, vol. 32, pp. 167–170 (1881).
Zur geschichte des attischen bürgerrechts. In WSt, vol. 5, pp. 52–84 (1883).

SCHIPPER, LEOPOLD.
Die gauen-autonomie bei den alten Griechen. Münster, 1862.

SCHJOETT, P. O.
Der antike staat und die verfassung Spartas. In Skrifter, Videnskabs-selskabet i Christiania, 1903, no. 2, pp. 3–16.
Athen før Solon. 1878. (In his Samlede philologiske afhandlinger, s. 139–182. Christiania, 1896.)

SCHLAEFKE, R. H.
De Demosthenis quae dicuntur adversus Aristogitonem orationibus. Greifswald, 1913. Inaug.-diss., Greifswald.

SCHLESINGER, MAX.
Geschichte des symbols; ein versuch. Berlin, 1912. (Symbolism in law.)

SCHLOSSMANN, SIEGMUND.
Persona und πρόσωπον im recht und im christlichen dogma. Pr., Kiel, 1901.

SCHMEISSER, J. N.
De re tutelari Atheniensium observationes quaedam ex Demosthenis orationibus adversus Aphobum et Onetorem haustae. Pr., Freiburg, 1829.

SCHMIDT, BERNHARD.
Alte verwünschungsformeln. In NJ, vol. 143, pp. 561–576 (1891).
Der selbstmord der greise von Keos. Ein kulturgeschichtliches problem. In NJKlA, vol. 11, pp. 617–628 (1903).
Steinhaufen als fluchmale, hermesheiligtümer und grabhügel in Griechenland. In NJ, vol. 147, pp. 369–395 (1893).

SCHMIDT, L. V.
Commentatio de auctoritate προβουλεύματος in re publica Atheniensium. Pr., Marburg, 1876.
Ethik der alten Griechen. Berlin, 1882.

SCHMIDT, MAX.
Die entstehung der antiken wasseruhr. Leipzig, 1912. (His Kulturhistorische beiträge zur kenntnis des griechischen und römischen altertums, hft. 2.)

SCHMOLLER, GUSTAV.
Die handelsgesellschaften des altertums. In JG, vol. 16, pp. 731–748 (1892).

SCHMUELLING, TH.
Der phönizische handel in den griechischen gewässern. Pr., Münster, 1884/85.

SCHNEIDER, EUGENIUS.
De iure hereditario Atheniensium. Munich, 1851.

SCHNEIDER, HERMANN.
Untersuchungen über die staatsbegräbnisse und den aufbau der öffentlichen leichenreden bei den Athenern in der klassischen zeit. Berlin, 1912. Inaug.-diss., Bern.

SCHNEIDER, VALETIN.
Ps.-Lysias κατ' 'Ανδοκίδου ἀσεβείας (vi). In NJ, suppl., vol. 27, pp. 352–372 (1901).

SCHODORF, KONRAD.
Beiträge zur genaueren kenntnis der attischen gerichtssprache aus den 10 rednern. Würzburg, 1904. (In Schanz,

Martin. Beiträge zur historischen syntax der griechischen sprache, hft. 17.)

SCHOEFFER, VALERIAN VON.
Bericht über die im jahre 1891 und der ersten hälfte des jahre 1892 erschienene litteratur zu Aristotles' 'Αθηναίων Πολιτεία. In Bu., vol. 75, pp. 1–54 (1893).

Bürgerschaft und volksversammlung in Athen I. (Russian.) Moscow, 1891.

De Deli insulae rebus. In BSt, vol. 9, no. 1 (1889).

SCHOELL, RUDOLF.
Athenische fest-commissionen. In SBAW, 1887, pp. 1–24.

De communibus et collegiis quibusdam Graecorum. (In Sauppe, Hermann. Satura philologa, pp. 167–180. Berlin, 1879.)

De extraordinariis quibusdam magistratibus Atheniensium. (In Commentationes philologae in honorem Theodori Mommseni, pp. 451–470. Berlin, 1877.)

De synegoris atticis commentatio. Gel. Jena, 1875? (Adolfo Schoellio patri optimo natalem septuagesimum pie gratulantor Rudolfus et Fridericus Schoellii, pp. 1–35.)

Quaestiones fiscales iuris attici ex Lysiae orationibus illustratae. Gel. Berlin, 1873.

Ueber attische gesetzgebung. In SBAW, 1886, pp. 83–139.

SCHOEMANN, G. F.
Animadversiones de nomothetis. Greifswald, 1854. (Also in his Opuscula academica, vol. 1, pp. 247–259. Berlin, 1856–1871.)

Antiquitates iuris publici Graecorum. Greifswald, 1838.

De causa hereditaria in Isaei or. de Philoct. Her. Greifswald, 1842. (Also in his Opuscula academica, vol. 1, pp. 272–284. Berlin, 1856–71.)

De causa Leptinea. Greifswald, 1855. (Also in his Opuscula academica, vol. 1, pp. 237–246. Berlin, 1856–71.)

° De cognatorum qui collaterales dicuntur hereditatibus. 1830.

SCHOEMANN, G. F.
De comitiis Atheniensium, libri tres. Greifswald, 1819.
De ecclesiis Lacedaemoniorum. Greifswald, 1836. (Also in his Opuscula academica, vol. 1, pp. 87-107. Berlin, 1856-1871.)
De exteris religionibus apud Athenienses. Greifswald, 1857. (Also in his Opuscula academica, vol. 3, pp. 428-441. Berlin, 1856-71.)
De iudiciorum suffragiis occultis. Greifswald, 1839. (Also in his Opuscula academica, vol. 1, pp. 260-271. Berlin, 1856-71.)
De sortitione iudicum apud Athenienses. Greifswald, 1820. (Also in his Opuscula academica, vol. 1, pp. 200-229. Berlin, 1856-71.)
Die epheten und der areopag. In NJ, vol. 111, pp. 153-165 (1875).
Griechische alterthümer. 4. aufl. bearb. von J. H. Lipsius. Berlin, 1897-1902.
Isaei orationes xi cum aliquot deperditarum fragmentis. Greifswald, 1831.
Der kranz des basileus und der stimmstein der Athena. Die basileis und ihre competenz in den blutgerichten. In NJ, vol. 113, pp. 12-20 (1876).
Recognitio quaestionis de Spartanis homoeis. Pr., Greifswald, 1855.
Die solonische heliäa und der staatsstreich des Ephialtes. In NJ, vol. 93, pp. 585-594 (1866).
Ueber die probole im attischen process. In Philol., vol. 2, pp. 593-607 (1847).
Die verfassungsgeschichte Athens nach Grote's History of Greece. Kritisch geprüft. Leipzig, 1854.
Zu Demosthenes. In NJ, vol. 99, pp. 755-757 (1869).
See also Meier, M. H. E., and Schoemann, G. F.

SCHOEN, KARL.
Die scheinargumente des Lysias, insbesondere in der xii. rede: κατὰ 'Ερατοσθένους und in der xxiv. rede: περὶ τοῦ μὴ διδόναι τῷ ἀδυνάτῳ ἀργυρίον. Paderborn, 1918. (RS., hft. 7).

SCHOENER, R.
°Sozialpolitisches aus dem hellenischen alterthum. In Grenzboten, vol. 37, nos. 24-25 (1878).

SCHOENFELDER, WALTER.
Die städtischen bundesbeamten des griechischen festlandes vom 4. jhdt. v. Chr. geb. bis in die römische kaiserzeit. Weida, 1917. Inaug.-diss., Leipzig.

SCHRADER, OTTO.
Linguistisch-historische forschungen zur handelsgeschichte und warenkunde, tl. I. Jena, 1886.

SCHREINER, JOSEF.
De corpore iuris Atheniensium. Bonn, 1913. Diss., Bonn.

SCHUBART, WILLIAM.
Einführung in die papyruskunde. Berlin, 1918.

SCHUBERT, J. G.
De proxenia attica. Leipzig, 1881. Inaug.-diss., Leipzig.

SCHUCHHARDT, CARL.
See Fraenkel, Max, Fabricius, Ernst, and Schuchhardt, Carl.

SCHUCHT, H. T.
De documentis oratoribus atticis insertis et de litis instrumentis prioris adversus Stephanum orationis Demosthenicae. Königsberg, 1892. Inaug.-diss., Königsberg.

SCHUECK, ———.
Ueber die sklaverie bei den Griechen. Pr., Breslau, 1875.

SCHULHOF, E., AND HUVELIN, P.
Loi réglant la vente du charbon à Délos. In BCH, vol. 31, pp. 46-93 (1907).

SCHULIN, FRIEDRICH.
Das griechische testament verglichen mit dem römischen. Pr., Basel, 1882.

SCHULTE, JOSEF.
Quomodo Plato in Legibus publica Atheniensium instituta respexerit. Borna, 1907. Inaug.-diss., Münster.

SCHULTHESS, OTTO.
  Das attische volksgericht. Bern, 1921. (Rektoratsrede, geh. an d. 86. stiftungsfeier der Universität Bern, der 27. Nov., 1920.)
  Bericht über die in den jahren 1878-93 erschienene litteratur zu den griechischen staats- und rechtsaltertümern. In Bu, vol. 81, pp. 117-181 (1894).
  Vormundschaft nach attischem recht. Freiburg, 1886.
  Die vormundschaftsrechnung des Demosthenes, epikritische beiträge zur erklärung der vormundschaftsreden des Demosthenes. Pr., Frauenfeld, 1899.
  Zur hellenischen agoranomie. In Wo, vol. 5, pp. 120-125, 151-156 (1888).
  Γραμματεῖς; Halia, Ἅλια. In RE.

SCHULZE, E. R.
  Prolegomenon in Demosthenis quae fertur orationem adversus Apaturium capita duo. Leipzig, 1878. Inaug.-diss., Leipzig.

SCHULZE, WILHELM.
  Beiträge zur wort- und sittengeschichte. In SPA, 1918, pp. 320-332.

SCHUMACHER, KARL.
  De republica Rhodiorum commentatio. Heidelberg, 1886. Inaug.-diss., Heidelberg.

SCHUURMANS-STEKHOVEN, J. H.
  °De civium atticor. recogn. sive Διαψηφίσει. Leyden, 1846.

SCHVARCZ, JULIUS.
  Die demokratie von Athen. 2. aufl. Leipzig, 1901. (His Die demokratie, bd. 1.)

SCHWAB, G.
  Num quod areopagus in plebiscita aut confirmanda aut rejicienda jus exercuerit. Stuttgart, 1818.

SCHWARCZ, G.
  °Az athenei alkotmanyjog tortenetenek korszakairol. Budapest, 1879.

SCHWARTZ, EDUARD.
Quellenuntersuchungen zur griechischen geschichte. In RM, ser. 3, vol. 44, pp. 104–26 (1889).
See also Feist, R., Partsch, J., Pringscheim, F., and Schwartz, E.

SCHWARZ, A. B.
Homologie und protokoll in den papyrusurkunden der Ptolemäerzeit, zugleich ein beitrag zur theorie der abstandsgeschäfte. (In Festschrift für Ernst Zitelmann, abt. 2, nr. 15. Munich u. Leipzig, 1913.)
Hypothek und hypallagma. Beitrag zum pfand- und vollstreckungsrecht der griechischen papyri. Leipzig, 1911.
Die öffentliche und private urkunde im römischen Aegypten. Studien zum hellenistischen privatrecht. In ASGW, vol. 31, no. 3 (1920).
Προσαγγελία und ἐπίσταλμα. In ZSR, vol. 41, pp. 273–278 (1920).

SCHWARZ, KARL.
De suffragiorum in iudiciis Atheniensium latorum ratione aliqua contra Ludovicum Rossium disputatio. Pr. Celle, 1847.

SCHWEBSCH, K. A. H.
De oratione quae contra Leocharem a Demosthene scripta fertur. Berlin, 1878. Inaug.-diss., Berlin.

SCHWENN, FRIEDRICH.
Die menschenopfer bei den Griechen und Römern. In Rel., vol. 15, no. 3, 1915.

SCOTT, ——.
°The Athenian ballot. Oxford, 1838.

SCOTT, J. A.
Why Meletus demanded the death penalty for Socrates. In CJ, vol. 15, pp. 436–437 (1919/20).

SEEBOHM, H. E.
Structure of Greek tribal society. London, 1895.

SEELIGER, KONRAD.
Das erbschaftsgesetz in Demosthenes' makartatea § 51. In RM, ser. 3, vol. 31, pp. 176–182 (1876).
Der ostrakismos des Hyperbolos. NJ, vol. 115, pp. 739–747 (1877).
Zur attischen gesetzgebung über die intestaterbfolge. In Philol., vol. 43, pp. 417–428 (1884).

SEGRÈ, ANGELO.
Note sul πολίτευμα e l'ἐπιγονή in Egitta. In Aeg., vol. 3, pp. 143–155 (1922).

SEIFERT, P.
De iure hereditario Atheniensium. Greifswald, 1842.

SELIVANOV, S., AND HILLER VON GAERTRINGEN, FR.
Ueber die zahl der rhodischen prytanen. In Herm., vol. 38, pp. 146–149 (1903).

SELL, THEODOR.
De assessoribus archontum apud Athenienses. Leyden, 1719. Diss., Leyden.

SEMEKA, GREGOR.
Ptolemäisches prozessrecht. Studien zur ptolemäischen gerichtsverfassung und zum gerichtsverfahren. Munich, 1913.

SEMENOFF, ANATOL.
Antiquitates iuris publici Cretensium praemisso conspectu geographico, ethnographico, historico. St. Petersburg, 1893.
Zum bürgereid der Chersonesiten. In BBG, vol. 30, pp. 199–204 (1894).

SENCIE, JOSEPH.
See Francotte, Henri, Roersch, Alphonse, and Sencie, Joseph.

SESTIER, J. M.
La piraterie dans l'antiquité. Paris, 1880.

SEYLER, G. A.
Geschichte der Siegel. Leipzig, 1894. (Bibliothek, illustrierte, der kunst- und kulturgeschichte, bd. 6.)

SEYMOUR, P. A.
    The "servile interregnum" at Argos. In JHSt, vol. 42, pp. 24–30 (1922).
SICILIANO-VILLANUEVA, LUIGI.
    Diritto bizantino. Milan, 1906.
SIEGFRIED, ERNST.
    De multa quae ἐπιβολή dicitur. Berlin, 1876.
SIEVEKING, H. J.
    Das seedarlehen des altertums. Leipzig, 1893. Inaug.-diss., Leipzig.
SIGONIO, CARLO.
    De republica Atheniensium. (In Gronovius, Jacobus. Thesaurus Graecarum antiquitatum, vol. 5, pp. 1497–1628. Leyden, 1697–1702.)
SILVERIO, OSWALD.
    Untersuchungen zur geschichte der attischen staatssklaven. Munich, 1900. Inaug.-diss., Munich.
SIMON, J.
    Zu den griechischen rechtsalterthümern. In WSt, vol. 12, pp. 66–80 (1890).
SINGALEWÍC, S. B.
    °Die βουλή von Oxyrhynchos. (Russian.) Charkoff, 1913.
SMITH, F. D.
    Athenian political commissions. Chicago, 1921. Thesis (Ph.D.), University of Chicago, 1916.
SMITH, GERTRUDE.
    The administration of justice from Hesiod to Solon. Chicago, 1924. Thesis (Ph. D.) University of Chicago.
    Athenian casualty lists. In CP, vol. 14, pp. 351–364 (1919).
    Dicasts in the ephetic courts. In CP, vol. 19, pp. 353–358 (1924).
    Early Greek codes. In CP, vol. 17, pp. 187–201 (1922).
    The prytaneum in the Athenian amnesty law. In CP, vol. 16, pp. 345–353 (1921).

SMOLKA, F.
°Deux problèmes relatifs à Pap. Hal. (Polish.) In Eos, vol. 21, pp. 64-72.

SOLARI, ARTURO.
De Spartae patronomia. In BFC, vol. 6, pp. 10-14 (1899/1900.)

Fasti ephororum spartanorum ab an. ante Olymp. 70, 1:500 a Chr. usque ad Olymp. 148, 1:188 a Chr. Pisa, 1898.

°Intorno all' "ad quem" del potere criminale degli efori spartani. In BSI, vol. 9, no. 4 (1900).

SOLMSEN, FELIX.
Zu dem neugefundenen arkadischen synoikievertrag. In RM, ser. 3, vol. 65, pp. 321-330 (1910).

SONDHAUS, KARL.
De Solonis legibus. Jena, 1909. Inaug.-diss., Jena.

SONNE, E. E.
De arbitris externis, quos Graeci adhibuerunt ad lites et intestinas et peregrinas componendas, quaestiones epigraphicae. Göttingen, 1888. Inaug.-diss., Göttingen.

SORGENFREY, THEODOR.
De vestigiis juris gentium Homerici. Leipzig, 1871.

SOROF, MARTIN.
Die ἀπαγωγή in mordprocessen. In NJ, vol. 127, pp. 105-113 (1883).

Ueber die ἀπαγωγή im attischen gerichtsverfahren. In NJ, vol. 131, pp. 7-16 (1885).

SOUCHON, AUGUSTE.
Les théories économiques dans la Grèce antique. Paris, 1898.

SPANGENBURG, HEINRICH.
De Atheniensium publicis institutis aetate Macedonum commutatis. Halle, 1884. Inaug.-diss., Halle.

SPECK, ERNST.
Handelsgeschichte des altertums. Bd. 2. Die Griechen. Leipzig, 1901.

SPIEGELBERG, WILHELM.
See Gradenwitz, Otto, Preisigke, Friedrich, and Spiegelberg, Wilhelm.

STAEKER, OTTO.
De litis instrumentis quae exstant in Demosthenis quae feruntur posteriore adversus Stephanum et adversus Neaeram orationibus. Halle, 1884. Inaug.-diss., Halle.

STAHL, J. M.
De sociorum Atheniensium iudiciis commentatio. Pr., Münster, 1881.
Die εἰσφορά und ihre reform unter dem Archon Nausinikos. In RM, ser. 3, vol. 67, pp. 391–416 (1912).
Nachtrag über die εἰσφορά. In RM, ser. 3, vol. 67, pp. 638–639 (1912).
Ueber athenische amnestiebeschlüsse. In RM, ser. 3, vol. 46, pp. 250–286 (1891).
Ueber eine angebliche amnestie der Athener. In RM, ser. 3, vol. 39, pp. 458–465 (1884).

STAIL, GEORG.
Ueber die pseudoxenophontische Ἀθηναίων πολιτεία. (Untersuchungen über text, literarischen charakter und sozialpolitische bedeutung der schrift.) Paderborn, 1920 (RS, hft. 9).

STANLEY, A. P.
On the use of the word ἀριστοκρατία. In CMu, vol. 4, pp. 286–299 (1847).

STARKE, F. G. H.
De Isocratis orationibus forensibus commentationis specimen primum. Berlin, 1845? Inaug.-diss., Berlin.

STARKER, JOSEF.
De nomophylacibus Atheniensium. Breslau, 1880. Inaug.-diss., Nissa.

STAUROPOULLOS, D. S.
Ἐρετρικὰ μελετήματα. In AE, 1895, pp. 125–168.

STCHUKARÉW, A.
°Das κυλώνειον ἄγος und die 'Αθηναίων πολιτεία. (In Στέφανος.
Sbórnik statjéj w cestj Fédora Fédorovica Sokolóva, pp.
49–55. St. Petersburg, 1895.)

STEGER, A. D.
De cicuta Atheniensium poena publica. Leipzig? 1734.
Diss., Leipzig.

STÉGEREN, D. J. VAN.
De conditione civili feminarum Atheniensium secundum
iuris attici principia. Zwolle, 1839. Inaug.-diss., Utrecht.

De condicione domestica feminarum Atheniensium florentis
imprimis reipublicae temporibus. Zwolle, 1839. Inaug.-
diss., Utrecht.

STEIGERTAHL, G. H. C. L.
De vi et usu παρακαταβολῆς in causis Atheniensium heredi-
tariis. Pr., Celle, 1832.

STEIN, H. K.
Kritik der überlieferung über den spartanischen gesetzgeber
Lykurg. Pr., Glatz, 1882.

Das spartanische ephorat in seiner ersten entwickelung bis
auf Cheilon. Paderborn, 1871?

STEIN, L. R. VON.
Die entwicklung der staatswissenschaft bei den Griechen.
In SAW, vol. 93, pp. 213–298 (1879).

STEIN, PAUL.
Ueber piraterie im altertume. Vol. 1, Pr., Cöthen, 1891.
Vol. 2, Pr., Bernberg, 1894.

STEINER, ALFONS.
Beitrag zur interpretation des steuergesetzes von Ptolemaios
Philadelphos. Freiburg, 1910. Inaug.-diss., Heidelberg.

Der fiskus der Ptolemäer. I. Seine spezialbeamten und sein
öffentlich-rechtlicher charakter. Leipzig, 1913.

STEINWENTER, ARTUR.
Beiträge zum öffentlichen urkundenwesen der Römer.
Graz, 1915.

Studien zu den koptischen rechtsurkunden aus Oberägypten.
In SPP, vol. 19 (1920).

Studien zum römischen versäumnisverfahren. Munich, 1914.

STELLWAG, J. C.
De Areopago ex ultima antiquitate eruto. Jena, 1827.
Inaug.-diss., Frankfurt.

STEPHANUS, JOACHIM.
De jurisdictione veterum Graecorum. (In Gronovius, Jacobus. Thesaurus Graecarum antiquitatum, vol. 6, pp. 2675–2754. Leyden, 1697–1702.)

STERN, E. VON.
Zur entstehung und ursprünglichen bedeutung des ephorats in Sparta. In BSt, vol. 15, no. 2 (1894).

STICOTTI, PIERO.
Zu griechischen hochzeitsgebraüchen. (In Festschrift für Otto Benndorf, s. 181–188. Vienna, 1898.)

STOELZEL, ADOLF.
Ueber die ὅροι des attischen rechtes und die tabulae der l. 22 § 2 Dig. quod vi aut clam. In ZR, vol. 6, pp. 96–108 (1867).

STOJENTIN, FEDOR VON.
De Julii Pollucis in publicis Atheniensium antiquitatibus enarrandis auctoritate. Breslau? 1875. Diss., Breslau.

STRACK, MAX.
Die titelentwickelung bei den Ptolemäern. In VDP, vol. 45, pp. 100–102 (1899).

STRENGE, JULIUS.
Quaestiones philochoreae. (De nomophylacum Atheniensium magistratu. Critica.) Göttingen, 1868. Inaug.-diss., Göttingen.

STSCHOUKAREFF, A.
Ein unedirter attischer "Catalogus iudicialis." In MAI, vol. 12, pp. 131–135 (1887).

SUNDWALL, JOHANNES.
 Bruchstücke attischer verwaltungsurkunden. In JOAI, suppl., vol. 16, pp. 37–56 (1913).
 Epigraphische beiträge zur sozialpolitischen geschichte Athens im zeitalter des Demosthenes. In Klio, suppl., vol. 4 (1906).
 Zwei attische dekrete. In Philol., vol. 68, pp. 569–572 (1909).

SUSEMIHL, FRANZ.
 Ueber den process wegen ermordung des Nikodemos von Aphidna und das verhältnis des Demosthenes zu demselben. In NJ, vol. 91, pp. 366–371 (1865).

SWINDEREN, WISHERUS VAN.
 Quae fuit senatus areopagitici auctoritas variis reipublicae atticae temporibus. Groningen, 1818. (Academia Groningana. Annales, 1818/19.)

SWOBODA, HEINRICH.
 Die aetolische komenverfassung. In WSt, vol. 34, pp. 37–42 (1912).
 Beiträge zur griechischen rechtsgeschichte. In ZSR, vol. 26, pp. 149–284 (1905).
 Griechische staatsaltertümer. In Kroll, Wilhelm. Die altertumswissenschaft im letzen vierteljahrhundert, s. 234–287. Leipzig, 1905.)
 Die griechischen bünde und der moderne bundesstaat. Rektoratsrede, Prag, 1914.
 Die griechischen volksbeschlüsse, epigraphische untersuchungen. Leipzig, 1890.
 Der hellenische bund des jahres 371 v. Chr. In RM, ser. 3, vol. 49, pp. 321–352 (1894).
 Die neuen urkunden von Epidauros. In Herm., vol. 57, pp. 518–534 (1922).
 Otto Schulthess. Das attische volksgericht. (Review.) In BPh, vol. 43, pp. 104–106 (1923).
 Σκυταλισμός. In Herm., vol. 53, pp. 94–101 (1918).

Studien zu den griechischen bünden. In Klio, vol. 11, pp. 450–463 (1911); vol. 12, pp. 17–50 (1912).

Studien zur verfassung Boiotiens. In Klio, vol. 10, pp. 315–334 (1910).

Ueber den process des Perikles. In Herm., vol. 28, pp. 536–598 (1893).

Ueber griechische schatzverwaltung. In WSt, vol. 10, pp. 278–307 (1888); vol. 11, pp. 65–87 (1889).

Zum griechischen staatsrecht. (In Festgaben zu ehren Max Buedinger, s. 53–67. Innsbruck, 1898.)

Zur beurteilung der griechischen tyrannis. In Klio, vol. 12, pp. 341–354 (1912).

Zwei kapitel aus dem griechischen bundesrecht. In SAW, vol. 199, no. 2 (1924).

SZANTO, EMIL.

Die abstimmung in den attischen geschworenengerichten. In WSt, vol. 3, pp. 24–31 (1881). (Also in his Ausgewählte abhandlungen, s. 3–11. Tübingen, 1906.)

Anleihen griechischer staaten. In WSt, vol. 7, pp. 232–252 (1885); vol. 8, pp. 1–36 (1886). (Also in his Ausgewählte abhandlungen, s. 11–73. Tübingen, 1906.)

Ausgewählte abhandlungen, hrsg. von Heinrich Swoboda. Tübingen, 1906.

Freilassungstermine. In WSt, vol. 24, pp. 582–585 (1902). (Also in his Ausgewählte abhandlungen, s. 138–142. Tübingen, 1906.)

Die griechischen phylen. In SAW, vol. 144, no. 5 (1901).

Hypothek und scheinkauf im griechischen rechte. In WSt, vol. 9, pp. 279–296 (1887). (Also in his Ausgewählte abhandlungen, s. 74–92. Tübingen, 1906.)

Die kleisthenischen trittyen. In Herm., vol. 27, pp. 312–315 (1892).

Untersuchungen über das attische bürgerrecht. Vienna, 1881.

SZANTO, EMIL.
  Die verbalinjurie im attischen process. In WSt, vol. 13, pp. 159–163 (1891). (Also in his Ausgewählte abhandlungen, s. 103–108. Tübingen, 1906.)
  Zu attischen inschriften. In MAI, vol. 14, pp. 137–149 (1889). (Also in his Ausgewählte abhandlungen, s. 92–103. Tübingen, 1906.)
  Zum attischen budgetrecht. (In Eranos Vindobonensis, pp. 103–107. Vienna, 1893.) (Also in his Ausgewählte abhandlungen, s. 108–113. Tübingen, 1906.)
  Zum gerichtswesen der attischen bundesgenossen. In MAI, vol. 16, pp. 30–45 (1891). (Also in his Ausgewählte abhandlungen, s. 163–177. Tübingen, 1906.)
  Zur antiken wirtschaftsgeschichte. (In Serta Harteliana, s. 113–116. Vienna, 1896.)
  Zur attischen phratrien- und geschlechterverfassung. In RM, ser. 3, vol. 40, pp. 506–520 (1885).

TAINTURIER, L.
  La pénalité chez les Athèniens au siècle de Péricles, discours. Douai, 1890.

TAMASSIA, GIOVANNI.
  Le nozze in Omero. Bologna, 1893.

TARBELL, F. B.
  The decrees of the Demotionidai. A study of the Attic phratry. AJA, vol. 5, pp. 135–153 (1889).
  The relations of $\psi\eta\phi\iota\sigma\mu\alpha\tau\alpha$ to $\nu\acute{o}\mu o\iota$ at Athens in the fifth and fourth centuries. In AJP, vol. 10, pp. 79–83 (1889).

TAUBENSCHLAG, RAFAEL.
  Die patria potestas im recht der papyri. In ZSR, vol. 37, pp. 177–230 (1916).
  Die ptolemäischen schiedsrichter und ihre bedeutung für die rezeption des griechischen rechts in Aegypten. In AP, vol. 4, pp. 1–46 (1907–08).
  Das strafrecht im rechte der papyri. Leipzig, 1916.

TAYLOR, E. S.
  On the age of the $\delta\iota\alpha\iota\tau\eta\tau\alpha\acute{\iota}$. In CR, vol. 6, p. 182 (1892).

TÉLFY, IVÁN.
Corpus iuris attici. Graece et latine. Pesth und Leipzig, 1868.

TEUSCH, T. H. G.
De sortitione judicum apud Athenienses. Göttingen, 1894. Inaug.-diss., Göttingen.

THALHEIM, THEODOR.
Adoption und testament in Attika. In BPh, vol. 40, pp. 1103–1104 (1920).

Die antidosis. In Herm., vol. 19, pp. 80–91 (1884).

Die antidosis. In NJ, vol. 115, pp. 613–618 (1877).

Das attische militärstrafgesetz und Lysias. 14, 7. In NJ, vol. 115, pp. 269–272 (1877).

H. Brewer. Die unterscheidung der klagen nach att. recht, und die echtheit der gesetze in §§ 47 und 113 der Midiana. (Review.) In BPh, vol. 24, pp. 655–657 (1904).

R. Dareste, B. Haussoullier, Th. Reinach. Recueil des inscriptions juridiques grecques — 1. et 2. fasc. (Review.) In BPh, vol. 12, pp. 373–376 (1892); vol. 13, pp. 264–268 (1893).

Die dokimasie der beamten in Athen. In NJ, vol. 119, pp. 601–608 (1879).

Der eid der schiedsrichter in Athen. In Herm., vol. 41, pp. 152–156 (1906).

Eisangelie-gesetz in Athen. In Herm., vol. 41, pp. 304–309 (1906).

Gesetz von Samos, über getreideankauf und -vertheilung. In Herm., vol. 39, pp. 604–610 (1904).

Des Lysias rede für Polystratos. Pr., Breslau, 1876.

Der prozess Demons gegen Zenothemis (Demosthenes, xxxii). In Herm., vol. 23, pp. 202–210 (1888).

Der prozess des Androkles gegen Lakritos und seine urkunden (Demosthenes, xxxv). In Herm., vol. 23, pp. 333–345 (1888).

THALHEIM, THEODOR.
Der prozess des Chrysippos gegen Phormion (Demosthenes, xxxiv). (In Philologische abhandlungen für Martin Hertz, s. 58–68. Berlin, 1888.)
Quaestiones Demosthenicae. Pr., Schneidemühl, 1889.
Testament, adoption und schenkung auf den todesfall. In ZSR, vol. 31, pp. 398–401 (1910).
Carl Wessely. Ein griechischer heiratskontrakt vom jahre 136 n. Chr. (Review.) In BPh, vol. 14, pp. 631–632 (1894).
Zu den griechischen rechtsalterthümern. Pr., Hirschberg, 1894 and Pr., Schneidemühl, 1892.
Zu Isaios. In Herm., vol. 38, pp. 456–467 (1903).
Zu Lykurgos. In NJ, vol. 115, pp. 673–683 (1877).
Zu Lysias. In NJ, vol. 117, pp. 545–561 (1878).
Zur dokimasie der beamten in Athen. In Herm., vol. 13, pp. 366–372 (1878).
Zur eisangelie in Athen. In Herm., vol. 37, pp. 339–352 (1902).
Freigelassene; Γραφή; Ἰσοτελεῖς; Ὕβρεως Γραφή; Ὑποθήκη. In RE.

THIERSCH, H.
Gjölbaschi und lykisches mutterrecht. In JDAI, vol. 22, pp. 235–240 (1907).

THOMASIUS, CHRISTIAN.
De concubinatu. Halle, 1713. (Schediasma inaugurale juridicum.)
De crimine bigamiae. Leipzig, 1714.

THOMPSON, C. V.
Slave torture in Athens. In CR, vol. 8, pp. 136 (1894).

THONISSEN, J. J.
Le droit pénal de la république athénienne, précédé d'une étude sur le droit criminel de la Grèce légendaire. Brussels, 1876.
De la responsibilité pénale des plaideurs dans la législation athénienne. In RLAM, 1875, pp. 137–155.

THUMSER, VICTOR.
De civium Atheniensium muneribus eorumque immunitate. Vienna, 1880.

'Εγγύησις, γαμηλία, ἐπιδικασία. (In Serta Harteliana, s. 189–192. Vienna, 1896.)

Die stellung der frau bei den alten Griechen. (In Eltern-Abende. Populäre vorträge, geh. an den Eltern-Abenden des K. K. Mariahilfer gymnasiums in Wien. Unter mitwirkung v. G. Ficker et al. hrsg. von V. Thumser. Vienna, 1903.)

Untersuchungen über die attischen metökin. In WSt, vol. 2, pp. 161–225 (1880).

TILLYARD, H. J. W.
Boundary and mortgage stones from Attica. In BSA, vol. 11, pp. 63–71 (1904/05).

TISSOT, CHARLES.
Les proxénies grecques, et leur rapport avec les institutions consulaires modernes. Dijon, 1863. Thèse, Dijon.

TITCHENER, M. S.
Guardianship of women in Egypt during the Ptolemaic and Roman eras. In WSL, no. 15, pp. 20–28 (1922).

TITTMANN, F. W.
Darstellung der griechischen staatsverfassungen. Leipzig, 1822.

TOD, M. N.
International arbitration amongst the Greeks. Oxford, 1913.

An unpublished Attic decree. In BSA, vol. 9, pp. 154–175 (1902/03).

Some unpublished "Catalogi paterarum argentearum." In BSA, vol. 8, pp. 197–230 (1901/02).

A statute of an Attic thiasos. In BSA, vol. 13, pp. 328–338 (1906/07).

TOEPFFER, JOHANNES.
Attische genealogie. Berlin, 1889.

TOEPFFER, JOHANNES.
Die attischen pythaisten und deliasten. In Herm., vol. 23, pp. 321-332 (1888).
Beiträge zur griechischen altertumswissenschaft. Berlin, 1897.
Koisches sakralgesetz. In MAI, vol. 16, pp. 411-432 (1891).
Thargeliengebräuche. In RM, ser. 3, vol. 43, pp. 142-145 (1888).

TOPHOFF, T.
De tutela quam Graecorum loca sacra et hominibus et rebus praestiterunt. Pr., Breslau, 1839.

TRESTON, H. J.
Poine; a study in ancient Greek blood-vengeance. London, 1923.

TREUBER, OSKAR.
Beiträge zur geschichte der Lykier, ii. Pr., Tübingen, 1888.
Geschichte der Lykier. Stuttgart, 1887.

TRIEBER, CONRAD.
Forschungen zur spartanischen verfassungsgeschichte. Berlin, 1871.
Quaestiones laconicae. Pars I. De Nicolai Damasceni laconicis. Berlin, 1867.

TSOUNTAS, CHR.
Μυκῆναι καὶ μυκηκαῖος πολιτισμὸς μετὰ ἕνδεκα πινάκων. Athens, 1893.

TYPALDO-BASSIA, A.
Formalités et conditions requises par la législation grecque pour contracter mariage. In JDIP, vol. 23, pp. 60-64 (1896).

UHLE, PAUL.
Quaestiones de orationum Demostheni falso addictarum scriptoribus. I. De orationum 35, 43, 46-50, 52, 53, 59 scriptoribus. Hagen, 1883. Inaug.-diss., Leipzig.
Quaestiones de orationum Demostheni falso addictarum scriptoribus. Pars altera. De orationum 23, 24, 56 scriptoribus. Pr., Leipzig, 1886.

ULLRICH, F. W. A.
Anmerkungen zu den platonischen gesprächen, Menon, Kriton, und den zweiten Alkibiades, mit einem anhang über die eilfmänner zu Athen. Berlin, 1821.

ULRICHS, H. N.
Topographie und inschriften von Tithora. In RM, ser. 3, vol. 2, pp. 544-560 (1843).

UNGER, G. F.
Die attischen archonten von ol. 119, 4. 301-123, 4. 285 v. Chr. In Philol., vol. 38, pp. 423-502 (1879).

URE, P. N.
The origin of tyranny. Cambridge, Eng., 1922.

USENER, H. K.
Ueber vergleichende sitten- und rechtsgeschichte. (In Dieterich, Albrecht. Ueber wesen und ziele der volkskunde, s. 27-67. Leipzig, 1902.)

USSING, J. L.
Erziehung und jugendunterricht bei den Griechen und Römern. Neue bearbeitung. Berlin, 1885. (Calvary's philologische und archäologische bibliothek, bde. 71 u. 72, hälfte 1.)

USTERI, PAUL.
Aechtung und verbannung im griechischen recht. Berlin, 1903. Inaug.-diss., Zürich.

VAGTS, RUDOLF.
Aphrodisias in Karien; die geschichtliche entwicklung der stadt, ihre künstlerische und literarische bedeutung, ihre verfassung und verwaltung in römischer kaiserzeit. Borna-Leipzig, 1920. Inaug.-diss., Hamburg.

VALCKENAER, L. C.
De ritibus in iurando a veteribus, Hebraeis maxime et Graecis observatis. Diss., Franeker? 1735. (In his Opuscula Philologica, tom. 1, pp. 1-102. Leipzig, 1808-09.)

VALETON, I. M. J.
De ostracismo. In Mn, n.s., vol. 15, pp. 129-171, 337-355, 357-426 (1887); vol. 16, pp. 1-25, 162-238 (1888).

VALETON, MATTHAEUS.
De praetoribus atheniensium qui victoriam reportaverunt apud Arginusas insulas. In Mn, n.s., vol. 48, pp. 34–79 (1920).

VAN HOOK, LaRUE.
The exposure of infants at Athens. In APAT, vol. 51, pp. 134–145 (1920).

VETTER, ——.
Animadversiones ad ephetarum potestatem accuratius definiendam. Pr., Pyritz, 1864.

VILLARD, P.
De la confiscation à Athènes et à Rome. Paris, 1884.

VINCZE, A.
Ueber den griechischen Areopag. (Hungarian.) Pr., Stuhlweissenburg, 1886.

VINOGRADOFF, PAUL.
The legal background of Demosthenes' speech in Zenothemis v. Demon. In TR, vol. 3, pp. 163–174 (1922).

Outlines of historical jurisprudence. Vol. I: Introduction, Tribal law; II: The jurisprudence of the Greek city. Oxford, 1920–22.

Law (Greek). In HE.

VISCHER, WILHELM.
Epigraphische und archäologische kleinigkeiten. Einladungsschrift zur promotionfeier des paedagogium Basel Schultze, 1871. (Also in his Kleine schriften, bd. 2, s. 259–290. Leipzig, 1877–78.)

Sitzen oder stehen in den griechischen volksversammlungen. In RM, ser. 3, vol. 28, pp. 380–390 (1873).

Untersuchungen über die verfassung von Athen. Gel., Basel, 1844. (Also in his Kleine schriften, bd. 1, s. 205–238. Leipzig, 1877–78.)

Zu Sophokles Antigone. In RM, ser. 3, vol. 20, pp. 444–454 (1865).

VOEMEL, J. T.
  De Heliaea. Pr., Frankfurt-a.-M., 1822.

VOLKMANN, R. E.
  Rhetorik der Griechen und Römer. 3. aufl. besorgt von Caspar Hammar. Munich, 1901. (In Mueller, I. Handbuch der klassischen altertums-wissenschaft, bd. 2, abt. 3, s. 1–61.)

VOLLBRECHT, FERDINAND.
  De antidosi apud Athenienses. Pr., Clausthal, 1846.

VORNDRAN, LIBORIUS.
  Die Aristocratea des Demosthenes als advokatenrede und ihre politische tendenz. Paderborn, 1922. (RS, hft. 11.)

VRECELIUS, W.
  °De ephorum collegio ac discordiis. (In Festgabe für Leithauser, G.)

VRIES, GERARD DE.
  Specimen literarum inaugurale de foenoris nautici contractu iure attico. Haarlem, 1842. Inaug.-diss., Leyden.

VUERTHEIM, J.
  De heliaeis Atheniensibus. In Mn, n.s., vol. 28, pp. 228–236 (1900).

WACHHOLTZ, A. F.
  De litis instrumentis in Demosthenis quae fertur oratione in Macartatum. Kiel, 1878. Inaug.-diss., Kiel.

WACHSMUTH, CURT.
  Ein antiker seeplatz. In JNS, vol. 47, pp. 83–95 (1886).
  Oeffentlicher credit in der hellenischen welt während der diadochenzeit. In RM, ser. 3, vol. 40, pp. 283–303 (1885).
  Die stadt Athen im alterthum. Leipzig, 1874–90.
  Das tetrobolon als richtersold in Athen. In RM, ser. 3, vol. 34, pp. 161–165 (1879).
  Zur geschichte des attischen bürgerrechts. In WSt, vol. 7, pp. 160–161 (1885).

Wachsmuth, Wilhelm.
 De poenae capitis apud gentes europaeas adolescentes sancitae causis. Disputatio historica. Leipzig, 1839.
 Hellenische altertumskunde aus dem gesichtspunkte des staates. 2. umgearb. u. verm. ausg. Halle, 1843–46.
 Jus gentium quale obtinuerit apud Graecos ante bellor. cum Persis gestor. initium. Kiel, 1822.

Wackernagel, Jacob.
 Zu den verwandtschaftsnamen. (In Festschrift für F. C. Andreas, s. 1–9. Leipzig, 1916.)

Wagner, E.
 Eine gerichtsverhandlung in Athen. Guetersloh, 1894. (In Gymnasial-Bibliothek, hft. 6.)
 Un processo in Atene. A translation into Italian by Ach. Cosattini. Livorno, 1907.

Walch, E. C.
 De tutela impuberum attica. Göttingen, 1767. Diss., Göttingen.

Walek, T. B.
 Die delphische amphiktyonie in der zeit der aitolischen herrschaft. Berlin, 1911. Inaug.-diss., Berlin.

Wallon, H. A.
 Du droit d'asile. Paris, 1837. Thèse, Paris.
 °Explication d'un passage de Plutarque sur une loi de Lycurgue nommée la Cryptie. Paris, 1850.
 Histoire de l'esclavage dans l'antiquité. 2. éd. Paris, 1879.

Waltz, Pierre.
 Les artisans et leur vie en Grèce. In RH, vol. 141, pp. 161–193 (1922); vol. 142, pp. 14–46 (1923); vol. 146, pp. 161–204 (1924).

Walz, Rudolf.
 Metallgewinnung im alterthum. Pr., Stockerau, 1898.

Waszýnski, Stefan.
 Die bodenpacht; agrargeschichtliche papyrusstudien. I. bd. Die privatpacht. Leipzig, 1905.

De servis Atheniensium publicis. Berlin, 1898. Inaug.-diss., Berlin.

Die laokriten und Τὸ κοινὸ(ν) δι(καστήριον). In AP, vol. 5, pp. 1-22 (1909-13).

Ueber die rechtliche stellung der staatssklaven in Athen. In Herm., vol. 34, pp. 553-567 (1899).

WEBER, C. G.
Animadversionum de scriptoribus juris attici ad I. A. Fabricii bibliothecam graecam specimen II. Hamburg, 1791.

WEBER, GEORG.
De Gytheo et Lacedaemoniorum rebus navalibus. Heidelberg, 1833.

WEBER, H. V.
Attisches prozessrecht in den attischen seebundsstaaten. Paderborn, 1908. (Studien zur geschichte und kultur des altertums, hrsg. von E. Drerup, H. Grimme, u. J. P. Kirsche, bd. I, hft. 5.)

WECKLEIN, NICOLAUS.
Der areopag, die epheten, und die naukraren. In SBAW, 1873, pp. 1-48.

WEIJERS, F. V.
Diatribe in Lysiae orationem in Nicomachum. Pr., Leyden, 1839.

WEIL, HENRI.
L'auteur du premier discours contre Aristogiton est-il bien informé des institutions d'Athènes? Paris, 1887. (Bibliothèque de l'École pratique des hautes-études. Mélanges Léon Renier, fasc. 73, pp. 17-25.)

Les Hermocopides et le peuple d'Athènes. In REG, vol. 6, pp. 317-321 (1893).

L'Iliade et le droit des gens dans la vieille Grèce. In Revue, n.s., vol. 9, pp. 161-165 (1885).

WEIL, R.
Das Asklepieion von Naupaktos. In MAI, vol. 4, pp. 22-29 (1879). (Manumission.)

WEIL, R.
   Von der griechischen inseln. Amorgos. In MAI, vol. 1, pp. 328–350 (1876).

WEINERT, A.
   Die achäische bundesverfassung (Ein beitrag zur geschichte des föderalismus) tl. 1. Pr., Demmin, 1881.

WEINREICH, OTTO.
   Neue urkunden zur sarapis-religion. Tübingen, 1919. (Sammlung gemeinverständlicher vorträge und schriften aus dem gebiet der theologie und religionswissenschaft, nr. 86.)

   Stiftung und kultsatzungen eines privatheiligtums in Philadelphia in Lydien. In SHA, 1919, no. 16.

WEISE, C. H.
   Diversa naturae et rationis in civitatibus constituendis indoles e Graecorum historia illustrata. Leipzig, 1823. Diss., Leipzig.

WEISS, EGON.
   Beiträge zum gräko-ägyptischen vormundschaftsrecht. In AP, vol. 4, pp. 73–94 (1907–08).

   Beiträge zum römischen und hellenischen pfandrecht. Weimar, 1909. (His Pfandrechtliche untersuchungen, bd. 1.)

   Griechisches privatsrecht auf rechtsvergleichender grundlage, bd. 1. Leipzig, 1923.

   Rechtskraft und einrede. (In Festschrift für Adolf Wach. Sonderdr. Leipzig, 1913.)

   Vergleichende zivilprozesswissenschaft. In RZZP, vol. 11, pp. 1–49 (1921).

   Zu den milesischen inschriften aus dem Delphinion. In JOAI, suppl., vol. 17, pp. 257–272 (1914).

   Zum stadtrecht von Ephesos. In JOAI, suppl., vol. 18, pp. 285–306 (1915).

WELCKER, F. G.
   Griechische Götterlehre. Göttingen, 1857–63.

WELSING, K. L.
De inquilinorum et peregrinorum apud Atheniensis iudiciis. Münster, 1887. Inaug.-diss., Münster.

WENDT, C. E. VON.
De politia Atheniensium. Erlangen, 1798. Diss., Erlangen.

WENGER, LEOPOLD.
°Ein Christliches freiheitszeugnis in den ägyptischen papyri. (In Festgabe für Albert Ehrhard zum 60 geburtstage. s. 451-478. Bonn, 1922.)

Der eid in den griechischen papyrusurkunden. In ZSR, vol. 23, pp. 158–274 (1902).

Griechische texte aus Aegypten. In DL, vol. 38, pp. 1275–1279, 1299–1304 (1917).

Ludwig Mitteis und sein werk. Vienna, Leipzig, 1923.

°Neue griechische papyri. In VSW, 1911, pp. 191–200; 1914, pp. 235-242.

Neue rechtsurkunden. In KVGR, vol. 50, pp. 551–568 (1912); vol. 51, pp. 339–374 (1913); vol. 54, pp. 29–88 (1919); vol. 56, pp. 1–112 (1923).

Rechtshistorische papyrusstudien. Graz, 1902.

Rechtsurkunden aus Tebtynis. In AP, vol. 2, pp. 483–514 (1902–03).

Römisches recht und rechtsvergleichung. In AR, vol. 14, pp. 1–27, 106–145 (1920/21).

Die stellvertretung im rechte der papyri. Leipzig, 1906. (Festschrift der K. K. Franzens-Univ. in Graz aus anlass der jahresfeier am 15. Okt. 1906.)

Ueber papyri und gesetzesrecht und über den plan eines wortindex zu den griechischen Novellen Justinians. In SBAW, 1914, no. 5.

Die verfassung und verwaltung des europäischen altertums. Leipzig, 1911. (In Kultur der gegenwart, bd. 2, abt. 2, hälfte 1, s. 136–197.)

Volk und staat in Aegypten am ausgang der römerherrschaft. In FBAW, no. 22 (1921).

WENGER, LEOPOLD.
> Die zession im rechte der gräko-ägyptischen papyri. (In Studi in onore de Carlo Fadda. Naples, 1906.)
>
> Zu κληρονόμος διάδοχος διακάτοχος. In ZSR, vol. 38, pp. 326–327 (1917).
>
> Zum wohn- und wirtschaftsrecht in den papyri. (In Bekker, E. I. Aus römischem und bürgerlichem recht, s. 73–85. Weimar, 1907.)
>
> See also Kohler, Joseph, and Wenger, Leopold.

WERNICKE, KONRAD.
> Die polizeiwache auf der burg von Athen. In Herm., vol. 26, pp. 51–75 (1891).

WESSELY, CARL.
> Ein griechischer heiratscontract vom jahre 136 n. Chr. Pr., Vienna, 1893. In Xenia Austriaca, bd. 1, s. 59–77 (1893).
>
> Friedrich Kraus. Die formeln des griechischen testaments. (Review.) In Wo, vol. 33, pp. 778–783 (1916).
>
> Sklaven-prosangelie bei der bibliothek enkteseon. In SPP, vol. 13, pp. 1–3 (1913).
>
> Studien über das verhältniss der griechischen zum ägyptischen rechte in Lagidenreiche, insbesondere über personalexecution im anschluss an Varro de R. R. 1, 17.2. In SAW, vol. 124, no. 9 (1891).

WESTERMANN, ANTON.
> Commentationis de iurisiurandi iudicum Atheniensium formula quae exstat in Demosthenis oratione in Timocratem pars I–III. Pr., Leipzig, 1858–59.
>
> De litis instrumentis quae exstant in Demosthenis oratione in Midiam. Gel., Leipzig, 1844.
>
> De publicis Atheniensium honoribus ac praemiis commentatio. Leipzig, 1830.
>
> Ueber das amnestiegesetz des Solon. In BSGW, 1849, pp. 151–158.
>
> Ueber die öffentlichen schiedsrichter in Athen. In BSGW, 1847, pp. 432–455.

Untersuchungen über die in die attischen redner eingelegten urkunden. In ASGW, 1850, pp. 1–136.

WESTERMANN, W. L.
Land registers of Western Asia under the Seleucids. In CP, vol. 16, pp. 12–19 (1921).
On the meaning of παρόρια τῆς πόλεως. Aeg., vol. 3, pp. 80–81 (1922).

WHIBLEY, LEONARD.
Greek oligarchies; their character and organization. London, 1896.
See also Adcock, F. E., and Whibley, Leonard.

WHITAKER, F. E.
A chapter from old Greek probate law. In GB, vol. 24, pp. 129–134 (1912).

WICHMANN, OTTO.
Commentatio academica qua mos Graecorum infantes exponendi ex variis scriptoribus antiquis, maxime Euripidis Ione, illustratur. Wittenberg, 1753.

WIEGAND, H.
Die Platäer in Athen. Pr., Ratzeburg, 1888.

WIEGAND, THEODOR, AND WILAMOWITZ-MOELLENDORFF, ULRICH VON.
Ein gesetz von Samos über die beschaffung von brotkorn aus öffentlichen mitteln. In SPA, 1904, pp. 917–931.

WILAMOWITZ-MOELLENDORFF, ULRICH VON.
Aristoteles und Athen. Berlin, 1893.
Burg und stadt von Kekrops bis Perikles. In PhU., vol. 1, pp. 97–172 (1880).
Demotika der attischen metöken. In Herm., vol. 22, pp. 107–128, 211–259 (1887).
Γραμματεὺς τῆς πόλεως. In Herm., vol. 14, pp. 148–152 (1879).
Der griechische und der platonische staatsgedanke. Berlin, 1919. (Staat, recht und volk, wissenschaftl. reden u. aufs. hrsg. v. U. v. Wilamowitz-Moellendorff, hft. 3.)

WILAMOWITZ-MOELLENDORFF, ULRICH VON.
    Die lebenslänglichen archonten Athens. In Herm., vol. 33, pp. 119–129 (1898).
    Der markt von Kekrops bis Kleisthenes. In PhU, vol. 1, pp. 195–212 (1880).
    Die rechtliche stellung der philosophenschulen. In PhU, vol. 4, pp. 263–291 (1881).
    Satzungen einer milesischen sängergilde. In SPA, 1904, pp. 619–640.
    Die sechste rede des Antiphon. In SPA, 1900, pp. 398–416.
    Von des attischen reiches herrlichkeit. In PhU, vol. 1, pp. 1–96 (1880).

WILAMOWITZ-MOELLENDORFF, ULRICH VON, AND NIESE, BENEDICTUS.
    Staat und gesellschaft der Griechen und Römer. Berlin, 1910. (Kultur der gegenwart, bd. 2, abt. 4, hälfte 1.)
    See also Wiegand, Theodor, and Wilamowitz-Moellendorff, Ulrich von.

WILBRANDT, M.
    Die politische und sociale bedeutung der attischen geschlechter vor Solon. In Philol. suppl., vol. 7, pp. 133–228 (1898–99).

WILCKEN, ULRICH.
    Alexander der Grosse und die hellenistische wirtschaft. In JG, vol. 45, pp. 349–420 (1921).
    Alexander der Grosse und die indischen gymnosophisten. In SPA, 1923, pp. 150–183.
    Beiträge zur geschichte des korinthischen bundes. In SBAW, 1917, no. 10.
    Ein bestechungsversuch. In AP, vol. 2, pp. 578–579 (1902–03).
    Griechische ostrake aus Aegypten und Nubien; ein beitrag zur antiken wirtschaftsgeschichte. Leipzig, 1899.
    Ein νόμος τελωνικός aus der kaiserzeit. In AP, vol. 3, pp. 185–200 (1903–06).

Zur drakontischen verfassung. In Apophoreton, s. 85–98. Berlin, 1903.

See also Mitteis, Ludwig, and Wilcken, Ulrich.

WILHELM, A.
°Inschrift der Akropolis betr. erlass der metökensteuer für die flüchtlinge aus Olynth. In AIB.

WILHELM, ADOLF.
Beiträge zur griechischen inschriftenkunde mit einem anhange über die öffentliche aufzeichnung von urkunden. Vienna, 1909. (Vienna, Osterreichisches archäologischen institutes. Sonderschriften, bd. 7.)

Nochmals die bundesurkunde aus Argos. In RM, ser. 3, vol. 56, pp. 571–586 (1901).

°Urkunden des attischen reiches. In AAW, 1909, pp. 41–58.

WILLERS, H.
Ein neuer kämmereibericht aus Tauromenion. In RM, ser. 3, vol. 60, pp. 321–360 (1905).

WILLIGER, EDUARD.
Hagios. Untersuchungen zur terminologie der heiligen in den hellenisch-hellenistischen religionen. In Rel., vol. 19, no. 1, 1922.

WILUTSKY, PAUL.
Vorgeschichte des rechts. Breslau, 1903. (Bde. 2 and 3 have imprint Berlin, 1893.)

WINCKLER, ——.
°De concubinatu. Leipzig, 1744.

WOESS, FRIEDRICH VON.
Das asylwesen Aegyptens in der Ptolemäerzeit und die spätere entwicklung. Eine einführung in das rechtsleben Aegyptens, besonders der Ptolemäerzeit, mit einem beitrag von E. Schwartz. Munich, 1923. (MBP, hft. 5.)

WOLF, F. A.
Praefatio orationis adversus Leptinem. Halle, 1789.

WOLFF, OSWALD.
  Quaestiones Iophonteae. Pr., Meissen, 1882. (Trial of Sophocles.)

WOLTERS, PAUL.
  Loco sigilli. (In Mélanges de Georges Perrot, pp. 333–340. Paris, 1903.)

WOOD, J. T.
  Discoveries at Ephesus; including the site and remains of the great temple of Diana. Appendix: Greek and Latin inscriptions from Ephesus found in the excavations. London, 1877.

WORTMANN, J. J.
  De decretis in Demosthenis Aeschinea exstantibus atticis libelloque Aeschinis. Marburg, 1877. Inaug.-diss., Marburg.

WYSE, WILLIAM.
  Law. (In Whibley, Leonard. A companion to Greek studies, Chap. 6, pp. 461–490. 3d ed., Cambridge, Eng., 1916.)
  The speeches of Isaeus. Cambridge, Eng., 1904.

XANTHOUDIDES, S. A.
  Εὐνομία. In REG, vol. 25, pp. 42–51 (1912).

ZACHARIAE VON LINGENTHAL, C. E.
  Geschichte des griechisch-römischen rechts. 3. verb. aufl. Berlin, 1892.

ZELLER, EDUARD.
  Ueber den wissenschaftlichen unterricht bei den Griechen. Rede beim antritt des rectorats an der Fr.-Wilh. Univ. zu Berlin gehalten am 15. Oct., 1878. (In his Vorträge und abhandlungen, bd. 3, s. 65–83. Berlin, 1875–84.)

ZIEBARTH, ERICH.
  Beiträge zum griechischen recht. I. Die stiftung nach griechischen recht. In ZVR, vol. 16, pp. 249–315, 470–475 (1903).

Beiträge zum griechischen recht. II. Juristisches aus griechischen inschriften. In ZVR, vol. 19, pp. 269-312 (1906).

Χοῦς. MAI, vol. 30, pp. 145-146 (1905).

De iureiurando in iure Graeco quaestiones. Göttingen, 1892. Inaug.-diss., Göttingen.

Der fluch im griechischen recht. In Herm., vol. 30, pp. 57-70 (1895).

Das griechische vereinswesen. Leipzig, 1896. (Preisschriften gekrönt und hrsg. von der Fürstlich Jablonowski'schen gesellschaft zu Leipzig . . . 34.)

Neue attische grenzsteine. In SPA, 1898, pp. 776-784.

Neue attische hypothekeninschriften. In SPA, 1897, pp. 664-675.

Popularklagen mit delatorenprämien nach griechischem recht. In Herm., vol. 32, pp. 609-628 (1897).

Zu den griechischen vereinsinschriften. In RM, ser. 3, vol. 55, pp. 501-519 (1900).

See also Kohler, Joseph, and Ziebarth, Erich.

ZIEHEN, LUDWIG.
Die drakontische gesetzgebung. In RM, ser. 3, vol. 54, pp. 321-344 (1899).

Leges Graecarum sacrae et titulis collectae; pars prior. Leipzig, 1896. Diss., Bonn.

Leges Graecorum sacrae e titulis collectae; pars altera, fasc. 1. Leges Graeciae et insularum. Leipzig, 1906.

Zum tempelgesetz von Alea. In RM, ser. 3, vol. 60, pp. 454-457 (1905).

ZIEMANN, FRANZ.
De anathematis graecis. Königsberg, 1885. Inaug.-diss., Königsberg.

ZIMMERMAN, RICHARD.
De nothorum Athenis condicione. Berlin, 1886. Inaug.-diss., Berlin.

ZIMMERN, A. E.
　The Greek commonwealth; politics and economics in fifth-century Athens. 4th ed. Oxford, 1924.

ZINK, KARL.
　Adnotationes ad Demosthenis orationem in Cononem. Erlangen, 1883. Inaug.-diss., Erlangen.

ZITELMANN, ERNST.
　See Buecheler, Franz, and Zitelmann, Ernst.

ZOBKOW, M.
　°Die ἐμφύτευσις im griechisch-römischen recht. In Mjesecnik (kroatisch) 1906.

ZUCKER, FRIEDRICH.
　Beiträge zur kenntniss der gerichtsorganisation im ptolemäischen und römischen Aegypten. In Philol. suppl., vol. 12, pp. 1–132 (1911–12).
　Zu den klagschriften mit schlussbitte um registrierung. In Philol., vol. 69, pp. 449–465 (1910).

ZURBORG, HERMANN.
　Der letzte ostrakismos. In Herm., vol. 12, pp. 198–206 (1877).
　Nochmals der letzte ostrakismos. In Herm., vol. 13, pp. 141–44 (1878).
　Zum ostrakismos des Hyperbolos. In NJ, vol. 115, pp. 834–836 (1877).